AF383060

# N'ABANDONNEZ JAMAIS

Le récit d'une femme qui
a bravé *tous les obstacles*

# N'ABANDONNEZ JAMAIS

## Le récit d'une femme qui a bravé *tous les obstacles*

Impression : Libri Plureos GmbH, Friedensallee 273,
22763 Hamburg (Allemagne)

© Huguette Mutond, 2024.
Édition : Les Éditions Blossom Inc. – www.editionsblossom.com
ISBN : 978-2-9822016-2-0

Dépôt légal : 4ᵉ trimestre 2024.
Bibliothèque et Archives nationales du Québec
Bibliothèque et Archives Canada

Auteur : Huguette Mutond
Direction littéraire : Aurélie Nseme Obiang
Couverture : Luckensy Odigé
Conception graphique : Aristide Benameyi
Réécriture et corrections : Sylvie Boulanger-Hamptaux

*Je dédie ce livre d'édification spirituelle à mon époux bien-aimé, le pasteur Kasongo Mutshaila, et à mes enfants, Josias Kasongo, Annie Kasongo, Gracia Kasongo, Christnovic Kasongo, Defi Kasongo et Joy Kasongo.*

# SOMMAIRE

# REMERCIEMENTS

Je tiens à remercier profondément tous ceux et celles qui ont contribué de près ou de loin à la réalisation de ce livre.

Je veux remercier chaleureusement mon époux et partenaire Kasongo Mutshaila pour son amour, ses sacrifices, son assistance et son accompagnement tant spirituel, matériel, moral que physique.

Je remercie spécialement ma mère, N'samb Mujing Wa Salos, pour tout son amour, pour les épreuves et les sacrifices qu'elle a affrontés pour moi.

Merci au frère Michel Goguoa d'avoir retouché la première partie de ce manuscrit.

Un merci spécial à l'ancien Gédéon Kambaj de m'avoir fait découvrir le chemin de la vie chrétienne.

Je veux remercier aussi le pasteur Gustave Tshibambe d'avoir accepté le ministère de la femme dans l'èglise et d'avoir reconnu et valorisé le talent que Dieu m'a confié.

Je remercie papa Yav Nasong pour sa libéralité.

J'offre mes remerciements à mes amies Michelle Mputu Mbombo, Micky Mayang Muland, Elianne Mwad et Tina Kasil.

Je remercie les groupes charismatiques de la Kenya et ceux de Katuba.

J'adresse mes remerciements respectueux aux membres de ma famille restreinte, dont papa Joseph Kambol et maman Chantal Nsamb, ainsi qu'à tous mes frères et sœurs de m'avoir offert un cadre qui favorise l'épanouissement personnel.

Je pense aussi à ma famille élargie, dont ma tante Tshilemb Tshikut, mon oncle paternel Mban Moj et feu mon oncle paternel Jerry Tshitembu pour leur amour, et le fait qu'ils aient joué tous les deux le rôle de mon père pendant son absence prolongée.

Je remercie feue ma grand-mère, Njing-a-Kabwab, de nous avoir accueillis, ma famille et moi, sous son toit lorsque nous n'avions pas de maison.

J'offre une mention spéciale à mon cher petit frère Serge Kabeya et à sa femme Tshikomba pour leur soutien considérable lors de mon hospitalisation à Kinshasa en 2008.

Je remercie les membres de la famille de feu mon beau-père, Jean de la Croix Mutshaila Nawej, de tout leur soutien.

Je remercie humblement mademoiselle Louise Verder, de l'église Méthodiste Unie, de son encadrement spirituel dans ma vie.

J'adresse mes remerciements à tous mes enseignants et professeurs de l'école primaire, des humanités, et à ceux de l'Institut Supérieur Pédagogique (ISP) de Lubumbashi, sans oublier ceux de l'Université Protestante de Lubumbashi (UPL) en République démocratique du Congo de m'avoir offert une bonne instruction.

Il est difficile pour moi de citer personnellement chaque personne qui m'a guidée en cette période de ma vie, mais à chacun et chacune j'exprime ma gratitude la plus profonde.

# PRÉFACE

C'est avec un réel plaisir que j'écris ces mots pour introduire l'excellent livre d'édification spirituelle de la pasteure Huguette Mutond Kambol Kasongo. Pendant plusieurs années de mon ministère, soit dans les églises ou les organisations non gouvernementales chrétiennes, soit dans le domaine académique, j'ai eu le privilège de côtoyer des hommes et des femmes bien engagés dans l'œuvre de Dieu. La qualité que j'apprécie souvent en eux est leur intégrité. Ces personnes vivent réellement ce qu'ils enseignent, ce qui rend leur témoignage crédible. Leur but est d'aller au-delà de leurs limitations humaines. La pasteure Huguette Mutond Kambol Kasongo ainsi que son mari Pasteur Kasongo Mutshaila appartiennent à cette rare catégorie de chrétiens tant recherchés pour la transformation de nos sociétés.

J'ai eu le privilège de connaître l'autrice de cet ouvrage quand je travaillais avec son mari. Ce dernier était d'abord directeur des opérations de Vision Mondiale Internationale en République démocratique du Congo, spécialement dans la province du Katanga. Il m'avait choisi comme personne contact pendant que j'étais pasteur dans le territoire de Pweto (1988 - 1991) qui faisait partie de son rayon d'action. Ensuite, quand il a été nommé directeur national de cette même organisation chrétienne, j'ai été sélectionné par le service des ressources humaines en tant que coordinateur national de l'engagement chrétien de Vision Mondiale Internationale et en tant que directeur de cabinet. J'ai reçu l'appui total de mon chef supérieur, de 2005 à 2007, pendant que je coordonnais les activités spirituelles auprès des enfants parrainés, du personnel, des églises et des organisations non gouvernementales chrétiennes.

C'est pendant cette période que j'ai eu l'occasion de connaître la pasteure Huguette Mutond Kambol Kasongo sous deux aspects, l'un spirituel et l'autre académique. Sur le plan spirituel, elle a été l'un des piliers importants pour intercéder en faveur des nombreuses activités que nous menions, entre autres les retraites spirituelles, l'encadrement spirituel des enfants parrainés et des agents, la réconciliation des couples en difficulté conjugale, les séminaires de leadership et les sessions de mobilisation de prière nationale. Sur le plan académique, j'ai été l'un de ses formateurs lors de ses études en licence à l'Université Protestante de Lubumbashi (UPL). J'ai été fortement impressionné par sa détermination à terminer ses études malgré une hernie discale qui la faisait souffrir. Je me rappelle l'avoir vue sur un fauteuil roulant lors des sessions de mon cours intitulé *Questions approfondies du dialogue pastoral*. C'est dans ce même fauteuil que je l'ai vue présenter son exposé de travail pratique intitulé *Le mariage chez les Aruund*, un travail qui a été largement apprécié par tous les participants.

Observatrice, intervenante engagée dans le milieu chrétien, intellectuelle objective, elle a réussi à écrire cet ouvrage littéraire pour nous faire part de son vécu et de ses expériences. Sa riche connaissance de l'évolution d'une nouvelle communauté ecclésiale initiée par son mari et son attachement aux valeurs spirituelles ont fait d'elle un modèle que nos jeunes doivent imiter. Il faut savoir que la pasteure Kasongo a grandi dans un environnement perturbé. En effet, elle a vécu une enfance tourmentée par l'absence prolongée de son père biologique, par la vie pénible avec les membres de sa famille élargie, par la difficulté de contribuer personnellement au paiement de ses études, par la soif désespérée de connaître Dieu sans savoir comment y parvenir. Cette souffrance précoce l'a suffisamment préparée à devenir une mère attentionnée et un leader ecclésiastique passionné. Elle veut mettre en valeur son sens profond de la dignité humaine au profit de toutes les brebis à sa charge en tant que pasteure.

Le livre *N'abandonnez jamais* est un appel au dialogue. Il permet aux lectrices et aux lecteurs de découvrir non seulement le sens de leur vie, mais aussi les outils nécessaires pour y parvenir et connaître la joie ultime dans l'accomplissement de ce processus. Le témoignage pertinent de la vie de l'autrice encourage aussi les gens à comprendre ce qui se passe dans leur propre vie. Ces personnes peuvent constater que malgré leur passé, ils peuvent améliorer leur témoignage par un attachement infaillible aux valeurs chrétiennes. Je recommande fortement cet ouvrage aux différents groupes de l'église pour l'exhortation spirituelle de ses membres.


**Révérend Dr Jean-Marie Nkonge**
Professeur de Théologie Pratique
Recteur de l'Université Méthodiste de Lubumbashi

# 1

# MON ENFANCE

Je suis née à Lubumbashi, dans une famille de sept enfants dont je suis l'ainée. Mon père travaillait à la Générale des Carrières et des Mines (Gécamines) en tant que cadre aspirant. Par la suite, il a travaillé pour la Société de Développement Industriel et Minier du Congo (Sodimico) où il a reçu la conviction de servir le Seigneur. Il a donc abandonné son travail pour se rendre à Mulungwishi faire des études théologiques. En 1974, il devint pasteur. On l'affecta à Sandoa pour exercer son ministère pastoral. De là, il eut des problèmes lors de la conférence organisée par l'église méthodiste, avec feu l'évêque Wa Kadilo.

Une lettre avait été écrite par des pasteurs locaux contre un missionnaire blanc qui avait été envoyé pour la conférence Board of Mission, et c'est mon père qui l'avait signée. Lorsque les responsables de la mission l'ont reçue, ils ont décidé de se rendre sur les lieux pour tâter le terrain et voir si les allégations portées contre ce pasteur étaient fondées. Ils demandèrent aux auteurs de la lettre de confirmer leurs propos dans ce message. Devant la pression, le plus grand nombre déclinèrent leur responsabilité dans cette affaire. Imaginez la suite ! Mon père fut suspendu parce que la lettre portait sa signature.

À la suite de cette suspension, il n'eut plus de paroisse sous sa responsabilité. De pasteur, il devint professeur et préfet des études. Il faut savoir que dans les églises méthodistes, soit l'on est pasteur responsable d'une église, soit l'on est pasteur travaillant dans des domaines publics. Il fut donc nommé préfet des études à Tshimbalanga. Deux ans après, on l'envoya à Kapanga, du côté de Musumba, dans le village Tshibab, sur la route de Kapanga à Maswika.

Tous ces évènements se déroulèrent dans ma tendre enfance. Pendant quatre années, de huit à douze ans, je vis à peine mon père. Ainsi, en tant que fille ainée, je n'ai jamais eu l'occasion de développer des affinités avec celui-ci.

Un jour, mon père revint en ville pour percevoir l'argent des enseignants. C'est la dernière fois que nous l'avons vu ! Je ne savais pas exactement ce qui s'était passé à cause de mon jeune âge ; il semblait être poursuivi à cause de ce fameux argent destiné aux enseignants. C'est sans doute pour cette raison qu'il prit la route vers l'Angola.

Selon ses dires, c'est à la demande de son propre père (mon grand-père paternel) qu'il s'y était rendu, afin de ramener sa sœur, à l'époque gravement malade, au Congo. Cette initiative échoua, et mon père décida de rester en Angola. Aussi mon grand-père, Sama Kond Kabeya, a-t-il reçu la visite de mon père avant sa mort en 1971.

Mon père semblait avoir des problèmes, puisque sa présence là-bas ne semblait pas être son projet initial. En effet, comme il avait été suspendu de ses fonctions de pasteur à l'église méthodiste, qu'il n'avait plus de paroisse sous sa responsabilité, que les enseignants du village n'avaient pas été payés, et qu'il était allé en ville récolter l'argent qui leur était dû sans retourner au village, sa décision de partir pour l'Angola portait à croire qu'il avait lui-même détourné cet argent. Par conséquent, mon père fut poursuivi.

Heureusement, à la suite d'un contrôle de l'officier Antonove, toute cette situation revint à la normale. Cependant, la suspension de son ministère par l'église demeurait inchangée.

# L'ombre des choses à venir

L'air chaud sur ma peau,
Les plaines luxuriantes de mon Congo,
Souvent, la nuit je regarde là-haut,
Souvent, le ciel est plein de cristaux.
Richesse qui semble narguer ma misère.
Est-ce que demain sera meilleur qu'hier ?
Brisée, abandonnée et sans recours.
Qui viendra à mon secours ?
La vie apporte son lot de combats.
*La mort nous rappelle que nous sommes poussière.*
*Mais la douleur nous forge un caractère,*
*Les épreuves nous font réaliser des exploits.*
*De victime à héroïne, il n'y a qu'un seul pas, celui de la foi :*
*« Voici, je vais faire une chose nouvelle, sur le point d'arriver :*
*Ne la connaitrez-vous pas ?*
*Je mettrai un chemin dans le désert, et des fleuves dans la solitude. »*
Ésaïe 43.19
*La foi se nourrit de paroles,*
*La foi se nourrit de promesses.*
*Souvent, sur le chemin de l'école,*
*Je pensais à toutes ces promesses.*
*La Parole de Dieu a soigné mes maux.*
*Le Saint-Esprit a transformé mon être entier.*
*Souvent, la nuit, je prie le Très-Haut.*
*Souvent, le ciel envoie des messagers.*
*Ils éclairent les sentiers de ma destinée.*
*Voici le jour qui se lève !*
*L'entrée triomphale du soleil !*
*La lumière a chassé l'obscurité,*
Le jour a vaincu la nuit.
Relève la tête toi qui étais délaissée !
Et marche fièrement, car ton nom a changé !
Désormais, tu seras grâce, élue de Dieu, favorisée,
Car sur toi la lumière de Christ resplendit !

***Wêri Poetry***

# Ma vie au village

Ma mère, mes frères et moi sommes restés au village Tshibalanga. Pour des raisons traditionnelles et familiales, Maman ne pouvait retourner dans sa famille tant qu'on ne savait pas si le départ de Papa était définitif. Ainsi, nous étions contraints de vivre chez ma grand-mère paternelle jusqu'à nouvel ordre. Je souligne qu'à cette époque, il n'y avait pas de moyens de transport ! Je dû marcher avec des bagages sur la tête pour arriver chez elle. C'était pénible. Ma pauvre mère était enceinte de notre sœur cadette. C'était difficile pour elle d'effectuer ce déplacement en toute quiétude, et pour moi, impossible de la suivre de près. Je devais accélérer la cadence dans le but d'arriver plus rapidement pour avoir le temps d'étudier, car je quittais l'école primaire pour l'école secondaire.

Arrivée chez ma grand-mère, je partis passer mon test d'admission à l'Institut Musumba. J'en sorti première de ma promotion, malgré le poids de la fatigue et des coups de la vie. Le préfet Yav de Liège avait apprécié ma réussite. Il prit donc la décision de m'encourager en m'achetant des fournitures scolaires.

Puis Maman accoucha. Cet évènement était censé être un sujet de joie pour nous, mais ce ne fut pas le cas, surtout en ce qui me concerne. Le mode de vie au village est totalement différent de celui de la ville, compte tenu de l'agriculture. Ma grand-mère semblait à bout de ressources. Supporter une femme avec sept enfants n'était pas une mince affaire pour elle à cause de son rang social peu élevé. Nous avons finalement quitté le toit de ma grand-mère pour nous rendre à Sandoa, où se trouvait le cousin de Maman.

N'ayant pas pu terminer mon année scolaire à cause de ce déplacement, je fus inscrite à l'Institut Jua de Sandoa. Cependant, je n'ai jamais pu m'adapter à cette école, et j'encaissais un autre échec scolaire. Pendant ce temps, Maman dû quitter Sandoa pour se rendre à Kolwezi où habitait sa grande famille (ses frères et sœurs), tandis que je restais à Sandoa, cette fois-ci chez ma grand-mère maternelle. Je repris deux fois mes études pour me rendre jusqu'à la troisième année. Quelque temps plus tard, l'espoir semblait pointer à l'horizon et je retrouvais un cursus scolaire normal.

Une chose insoupçonnée était sur le point d'arriver. Avez-vous déjà vécu des moments où vous sentez que votre persévérance dans un domaine est à deux doigts d'être récompensée après une longue période de lutte, et que la vie, lorgnant votre succès de près, souffle sur vos efforts pour les faire tomber comme un château de cartes ? C'est pratiquement ce qui m'est arrivé. Je commençais tout juste à m'adapter à mon nouvel environnement scolaire qu'on me demanda d'aller rejoindre ma mère à Kolwezi. Je m'y rendais à bord d'un camion de l'église méthodiste.

Arrivée à Kolwezi, je fus inscrite à l'Institut méthodiste Muungano. J'habitais chez mon oncle maternel avec ma mère, mes frères et sœurs. La situation sociale de mon oncle était très précaire, et nous étions trop nombreux. Maman dû donc louer une maison d'une seule pièce. Je vous laisse imaginer comment nous faisions pour habiter tous ensemble sous le même toit, surtout pour dormir, et ce, à même le sol.

Pour prendre soin des sept bouches qui dépendaient d'elle, Maman s'est mise à vendre des légumes. De mon côté, je poursuivais mes études dans le même Institut. Dans cette période, un heureux évènement se produisit, me rappelant que même dans les moments les plus sombres, le plan de Dieu ne meurt pas, car nos destinées sont entre ses mains.

## Un évènement surprenant

À l'époque où mon père étudiait à Mulungwishi, j'avais connu un couple d'amis de mon père. Leur fille, Micheline, avait pratiquement mon âge. Nous avions tissé une relation amicale durant la période où nous étudions à l'école Kitabataba. Son père était le préfet Mutompwela.

Grâce à lui, j'avais pu étudier gratuitement, et Micheline m'avait beaucoup aidée pendant mes études cette année-là. J'étais déjà en deuxième secondaire (l'équivalent de la 4e au collège) et ma mère continuait son commerce de légumes.

Nous étions toujours à Kolwezi, et j'étudiais péniblement à cause de notre situation financière. Le matin, j'assistais aux cours, et l'après-midi, je devais épauler ma mère dans la vente de légumes. J'étais habitée en permanence par la peur de ne pas avoir le temps de revoir mes cours. Le poids de ces responsabilités était lourd pour moi, et j'échouais à nouveau mon année scolaire. Quelle déception !

Heureusement, Monsieur Mutompwela, le préfet, m'encourageait par des exhortations. Il m'a motivée à avoir le courage de continuer et d'espérer encore. Ces exhortations concordaient avec la Parole du Seigneur qui nous recommande de ne pas promener des regards inquiets, peu importe les circonstances[1]. Il m'a même proposé d'aller habiter chez lui pour avoir un cadre social qui me permettrait d'étudier sans le stress auquel j'étais exposée bien malgré moi. Hélas, c'était impossible !

Il a tout de même continué à m'aider, et Micheline était toujours présente pour moi. Elle m'aidait tout de même

---

1        Esaïe 41.10

en me prêtant ses notes pour réviser et étudier chez moi. Parfois, j'avais l'opportunité de dormir chez elle pour étudier et revoir les cours que je ne comprenais pas.

## Un autre déplacement inattendu

Un jour, après mes cours, je suis rentrée à la maison. Ma mère n'était plus là. Un voisin est venu m'informer qu'elle était partie chez sa mère à Lubumbashi. Il m'a demandé, sur ordre de Maman, d'aller rejoindre mon oncle, son frère, pour habiter chez lui.

Honnêtement, j'aurais préféré demeurer dans la famille de mon père à cause de la distance. En effet, rester dans la famille de Papa à Kolwezi m'aurait été plus avantageux car les enfants vivants dans un camp de la Gécamines bénéficiaient du transport en bus pour aller étudier. J'ai donc été reçue chez ma tante Katshak à Kapata. Malheureusement, n'étant pas enregistrée officiellement comme son enfant, je devais marcher pour étudier. Quel calvaire !

Je devais parcourir un long trajet à pied pour aller à l'école. J'étais obligée de me lever à quatre heures du matin pour me préparer. À cinq heures, le bus arrivait pour mener les enfants à l'école, et moi, je partais sur mon « bus à deux pneus » comme on dit. Pendant que les roues du grand véhicule transportaient mes camarades bien au chaud à l'école, mes deux jambes me transportaient dans la même direction, dans le froid et la solitude.

Ce qui m'aidait sans doute à ce moment-là était le fait d'avoir une vie familiale plutôt agréable. Je mangeais bien et j'avais un bel endroit pour dormir. C'était différent du taudis où nous dormions jadis à même le sol.

Deux ans plus tard, un de mes oncles maternels vint me chercher. Je devais me rendre à Lubumbashi rejoindre ma mère, qui me réclamait auprès d'elle. Pour obtenir ce qu'elle voulait, elle avait importuné mon oncle Mbumba Mwa Tshikwata Solosa jusqu'à ce qu'il accepte.

# Retour à Lubumbashi

J'ai donc revu cette femme, ma mère, qui était partie sans dire un mot. Malgré un mélange de sentiments et d'émotions, j'étais heureuse de la revoir. Les responsables de l'église méthodiste la considéraient encore comme la femme d'un pasteur de la communauté, ce qui lui permettait de travailler dans un atelier de couture et dans une cafétéria méthodiste avec une demoiselle suisse appelée communément à l'époque Mama Louise Verder.

J'ai été inscrite à Lubumbashi, à l'Institut Matunda, pour étudier dans le domaine commercial et administratif. Après m'être rendu compte que ces disciplines étaient diamétralement opposées à mes aspirations et mes besoins, je me suis inscrite à l'Institut Tayari, dans la commune de la Kenya, toujours à Lubumbashi.

Comme le nouvel Institut offrait un programme d'étude matinal et un autre vespéral, j'ai choisi la deuxième option parce que je devais travailler avec ma mère à l'atelier pour faire des boutonnières et repasser les habits dans le but de m'initier au monde professionnel moderne. De toute évidence, la vie au village m'avait tenue à distance de cet apprentissage. Désormais, la vie en ville devait faire partie de mon quotidien. Et Mama Louise disait qu'elle ne pouvait pas nous donner de l'argent si ce n'est au prix du travail.

La vie avait changé. À cause du nombre d'enfants dans la famille, de mes frères dont les frais scolaires représentaient une dépense considérable dans notre budget, notre revenu ne suffisait pas à satisfaire tous nos besoins. Par conséquent, la jeune fille que j'étais, celle qui avait inhalé la bouffée d'air de la ville, a dû retrousser ses manches de nouveau !

J'ai joué le rôle d'un adulte avant de l'être, le salaire de Maman étant insuffisant pour nous tous. Trop de charges, de responsabilités pour notre famille. J'ai donc dû travailler chaque matin pour étudier le soir.

Un jour, j'ai rencontré deux de mes amies qui étudiaient dans mon institut. Notre rencontre s'est produite au moment précis où je ressentais un besoin profond qui s'intensifiait ardemment dans mon cœur, celui de rencontrer et de connaitre le Seigneur Jésus.

Ce besoin s'était manifesté lors d'une prédication d'un pasteur sur la route de l'école. Le prédicateur pentecôtiste parlait de ce qu'il fallait faire pour devenir enfant de Dieu. Selon son sermon, nul ne peut devenir enfant de Dieu s'il n'est pas conduit par l'Esprit de Dieu[2]. Cette réalité m'était totalement inconnue et à partir de ce moment, ma curiosité s'éveilla. Sans doute étais-je guidée par un besoin noble initié par Dieu. Jésus n'a-t-il pas dit que nul ne peut venir à Lui, si le Père qui l'a envoyé ne l'attire?[3]

Sa main invisible était sur moi pour m'attirer vers son Fils en qui tout a été créé, même les provisions insoupçonnées et inconnues qu'il me réservait. Ces provisions, je devais rencontrer Jésus avant de les récolter[4].

Cette prédication taraudait mon esprit, plus que mes cours cette année-là. Je me sentais donc obligée de

---

2      Romains 8. 14
3      Jean 6. 44
4      Voir 1 Jean 5.12

poser des questions à mes deux amies. Comment était-il possible pour un humain, moi en l'occurrence, de devenir enfant de Dieu ? Quel mystère ! Malheureusement, elles ne se souciaient pas de connaitre le Seigneur, car elles avaient leur propre point de vue au sujet de la foi chrétienne. Sans gêne, elles m'ont répondu : « Laisse les histoires de Dieu ! C'est pour les vieilles personnes. Toi, tu es encore jeune. Tu ne dois pas t'intéresser à ces choses maintenant. Laisse le temps passer. » Quel coup de massue !

En ce temps-là, notre situation sociale s'était améliorée. Le revenu de ma mère ajouté au mien et à celui de ma grand-mère constituait un bon montant qui nous permettait de joindre les deux bouts chaque mois. Certes, nous dormions encore à même le sol, mais cette fois-ci sur un matelas en mousse. Notre famille fut transformée complètement grâce à notre travail.

Chaque matin, trois femmes se levaient pour se consacrer chacune à son travail. Maman avait trouvé un autre contrat, ce qui nous permis d'avoir notre propre studio situé non loin de chez Grand-mère. Grâce à ce que je gagnais, mes jeunes frères furent en mesure d'étudier. Désormais, la possibilité de s'instruire s'offrait aux membres de notre famille. Mes frères fréquentaient l'école le matin pendant que je travaillais. L'après-midi, c'était mon tour. Je n'avais pas le choix. Pendant les vacances, mes jeunes frères ne vivaient pas cette réalité. Je devais travailler en permanence.

Ma sensibilité entrepreneuriale s'était développée dans la mesure où je pouvais aller chercher des contrats ici et là. Entre autres, laver la vaisselle chez quelqu'un, entretenir la parcelle chez un autre, faire la lessive, etc.

## Ma plus belle rencontre

La vie était bonne comparée à celle au village, mais le besoin d'élargir mes horizons devenait de plus en plus pressant. Ce désir de changement semblait relié à la nouvelle naissance dont j'avais entendu parler. Je voulais en savoir plus, même si mes deux amies avaient refusé d'en discuter avec moi.

J'ai donc ajouté au lot de mes occupations quotidiennes des moments de prières personnelles. J'étais vraiment motivée par le désir de devenir enfant de Dieu par la vertu du Saint-Esprit. En fait, j'étais en train de demander quelque chose que je ne connaissais pas, mais qu'il me fallait recevoir coûte que coûte.

Un soir, après avoir prié, je me suis endormie. Je fis un songe dans lequel je reçu une adresse : *Kafwira, numéro 36*. Dans le même songe, une étoile apparue, celle qui me conduirait à cette adresse. J'entendis clairement ces mots : « C'est dans la commune de Kenya. » Dans ce songe, je me suis vu marcher jusqu'à cette fameuse adresse. La voix a continué : « Va jusque là-bas, et l'on te dira quoi faire. » C'est pratiquement ce que l'apôtre Paul avait vécu[5].

Jamais je n'aurais cru vivre ce genre d'expérience un jour ! Il nous arrive régulièrement de croire que les riches expériences spirituelles décrites dans la Bible ne se vivent plus, qu'elles sont limitées au texte biblique. Nous oublions facilement que le Créateur est éternellement vivant et constamment présent dans nos vies[6]. Or, le Seigneur avait déjà planifié un excellent scénario pour moi, et je ne l'avais pas vu venir.

Vous souvenez-vous de Jacob ? En croyant fuir la colère de son frère, il a répondu à l'appel de Dieu de quitter le toit parental[7]. Que dire de Joseph contre qui la colère et la méchanceté de ses frères se sont levées ? Ils l'ont vendu comme esclave pour ensuite le faire passer pour mort auprès de leur père. Avec le temps, il a compris que c'était Dieu qui avait planifié ces évènements pour le préparer à accomplir le dessein auquel il était destiné[8].

---

5      Actes 9
6      Hébreux 4. 12-13
7      Genèse 28
8      Genèse 45.5-8

C'est ainsi que je me suis préparée pour me rendre à l'adresse qui m'avait été indiquée dans l'espoir que Dieu m'accompagne et tienne parole. Je dû terminer mes corvées de la semaine pour être libre de m'y rendre la fin de semaine.

La petite fille que j'étais, celle qui faisait des courses en ville pour trouver un peu d'argent afin d'aider la famille, commençait une course basée sur un songe dans lequel une voix impersonnelle lui avait indiqué une adresse et montré une étoile.

À mon arrivée, une autre surprise m'attendait. J'avais été conduite au domicile de l'une des filles qui me décourageait farouchement de m'engager dans la foi chrétienne. J'ignorais que son père était pasteur. Or, mon ignorance n'était rien comparée à l'indifférence que cette fille manifestait envers le ministère et la vie de son propre père. J'étais déroutée. La fille d'un homme de Dieu m'avait dissuadée de connaitre Dieu ! La vie nous réserve parfois une suite d'évènements inimaginables.

Je suis entrée sur la parcelle (terrain). Après avoir frappé au portail de la clôture (maison), un enfant m'a conduite à l'intérieur. J'y ai rencontré un vieil homme, justement le père de cette fille, le pasteur Naweji Muyey. Il me demanda ce que j'étais venu faire chez lui. Je lui racontais alors mon songe, en insistant sur le fait que mon ultime désir était de recevoir le Saint-Esprit. Il m'a fait assoir à ses côtés et m'a présenté Christ en me disant ceci : « Pour avoir le Saint-Esprit, il faut d'abord accepter le Seigneur Jésus comme Seigneur et Sauveur de ta vie. »

Je venais de naitre de nouveau en recevant Christ dans ma vie comme Seigneur et Sauveur personnel. En naissant de nouveau, c'était comme si j'avais été mise au monde dans la maternité de l'Esprit sans le savoir. C'était le jeudi 17 mars 1994, à 17 heures. Cette étoile qui m'avait dirigée dans mon songe, n'était-ce pas le même signe qui apparut dans le ciel de la cité de David, en Israël, pour conduire les mages vers le Roi des rois qui venait de naitre[9] ?

Après avoir reçu Christ dans ma vie, le pasteur me demanda de m'agenouiller. Il pria pour moi. C'est ce jour-là que le Saint-Esprit m'a visité, qu'il est venu m'habiter. Je parlais en langues. Je ne savais pas ce que ce n'était, ni que cela pouvait être possible. Il me demanda si je comprenais ce qui venait de se passer. Je lui répondis à la négative. Il continua : « Tu viens d'être baptisée du Saint-Esprit. » J'étais très étonnée et agréablement surprise ! Moi ? Baptisée du Saint-Esprit ? Moi, parler en d'autres langues ? Cette rencontre fut la plus belle de ma vie, je faisais désormais partie de la famille de Dieu.

---

9       Matthieu 2.1

À partir de ce jour-là, je suis restée attachée au Seigneur. Je le servais dans une cellule de prière dirigée par l'ancien Kambaj Gédéon de la Cité évangélique Viens et Vois, qui était située sur le même terrain que le pasteur Muyeye.

Un mercredi, alors qu'on devait me présenter publiquement devant les membres de la cellule de prière en tant que nouvelle chrétienne, j'ai vu mon amie, la fille du pasteur, sortir d'une pièce en passant par le salon, l'endroit où les réunions avaient lieu. Elle m'aperçut et s'étonna de ce que je connaissais son adresse sans qu'elle m'en ait parlé. Je lui répondis que Dieu étant omniscient, il peut révéler aisément à qui il veut ce qui est caché.

Puisqu'elle était mon amie, je lui ai parlé du salut en Jésus-Christ dans l'espoir qu'un jour nous puissions partager la même vision de la vie. N'est-il pas écrit qu'il est impossible que deux personnes marchent ensemble sans en avoir convenu[10] ? Elle devint donc chrétienne. Cette joie m'a donné le gout d'évangéliser une autre de mes amies qui elle aussi donna sa vie au Seigneur. Ces démarches ont été un exercice pour moi. Elles constituaient des signes avant-coureurs de la vie future qui m'attendait, et que je ne soupçonnais même pas à ce moment-là.

_______________

10      Voir Amos 3. 3

Nous étions des chrétiennes assoiffées de Dieu, de sa Parole et de la prière. Nous fréquentions régulièrement la cellule de prière, et le Seigneur ne manquait pas de nous faire du bien. Notre foi grandissait de jour en jour, la crainte du Seigneur remplissait nos cœurs et les multiples faveurs de Dieu en Christ ne cessaient d'être répandues sur nous, sur mon insignifiante vie, qui, peu à peu, prenait la forme que Dieu voulait.

# Il m'a guérie

J'ai déjà abordé le sujet de mon père qui nous avait quittés pour l'Angola. Cependant, je n'ai pas révélé combien j'avais souffert de son départ. J'ai beaucoup aimé cet homme, et le voir partir m'avait fortement affectée. Cette blessure intérieure était tellement douloureuse et profonde que ma santé en avait pris un coup. En effet, chaque fois que je rencontrais quelqu'un avec la physionomie de mon père, je courrais vers cette personne en criant : « Papa José, Papa José ! » Lorsque je me rendais compte que c'était un autre José que mon José, je fondais en larmes ! Et chaque fois, les larmes, l'angoisse, la confusion et le chagrin étaient au rendez-vous.

Cette peine faisait naitre en moi tant de questions : « Est-ce que Papa vit encore ? Comment faire pour le retrouver ? » Depuis son départ, mon visage était devenu de plus en plus pâles. Il faut dire que j'étais vraiment jeune quand il est parti.

Avec le temps, mon médecin a découvert que je souffrais d'un retard de croissance. Apparemment, j'avais aussi des problèmes de tension. Selon lui, les charges que j'avais soulevées au village et les bassines remplies de légumes que je mettais sur ma tête pour aller travailler en étaient la raison.

C'est comme si tout s'était ligué contre moi pour freiner mon développement physique. En réalité, j'avais une santé fragile. D'après le diagnostic du médecin, je souffrais d'hypotension et d'une malformation dû au manque d'hormones qui retardent la croissance chez une jeune personne. Selon lui, cette anomalie m'empêchait de bien respirer et pouvait potentiellement provoquer un arrêt cardiaque. De fait, j'avais atteint un niveau où respirer était devenu très difficile pour moi. Je devais recourir à certains médicaments prescrits par le médecin. Sans compter le fait qu'émotionnellement, ça n'allait pas mieux. J'avais une colère contre le genre masculin, pour ne pas dire une haine contre les hommes.

Or, après avoir reçu le Seigneur dans ma vie et avoir fait la connaissance de la personne merveilleuse du Saint-Esprit, j'ai développé une constance dans ma vie de prière personnelle et dans la méditation de la Parole de Dieu. Cette nouvelle vie a donné naissance à une nouvelle créature et à une nouvelle santé dans mon corps. La petite fille maladive que j'étais devenait de plus en plus forte. Les troubles émotionnels que je vivais étaient remplacés par la joie d'appartenir à Dieu. J'avais cessé les médicaments qui m'aidaient à respirer ; Dieu avait réglé ce problème.

Je vivais exactement ce qui est écrit dans la Bible : « C'est lui qui guérit toutes tes maladies. »[11] Le Seigneur m'avait guérie. J'étais une nouvelle créature! À la suite de cela, avec son assistance, j'ai obtenu mon diplôme d'État qui m'a permis d'accéder aux études universitaires.

Une autre aventure avec le Seigneur m'attendait. Après tous ces échecs scolaires répétitifs, jamais je n'aurais cru décrocher un jour mon diplôme. En plus de m'avoir accordé la vie éternelle, le Seigneur m'avait permis d'obtenir ce document scolaire si important pour moi.

Il n'est plus nécessaire de démontrer l'importance de l'éducation des femmes, tant son impact est évident sur le plan socioéconomique. En effet, les études montrent qu'une femme éduquée apporte une contribution significa-

---

11     Psaumes 103.3

tive, souvent supérieure à celle de l'homme, dans plusieurs domaines essentiels :

1. Elle s'engage dans une reproduction responsable à travers la bonne planification familiales (les naissances désirables) ;

2. Elle s'occupe de l'éducation de base des enfants, les règles de la politesse, le vivre ensemble ; Elle améliore la santé et la nutrition de ses enfants et de sa famille en général ;

3. Elle contribue au revenu du ménage. Contrairement à l'homme qui amène l'argent qu'il gagne hors de la maison, la femme ramène l'argent dans son ménage ;

4. Une femme éduquée ne se limite pas aux seuls domaines pratiques de la femme mais elle va plus loin, au point où elle assume aussi des responsabilités de leadership au sein de la société.

Comme on dit, « Éduquer une femme, c'est éduquer tout une nation. »

L'Afrique, en général, est souvent perçue comme une société à prédominance patriarcale, où les rôles de genre accordent traditionnellement la primauté à l'homme. Cette réalité a des répercussions profondes sur l'accès des femmes à l'éducation. Dans les familles à faibles revenus, la préférence est généralement donnée à la scolarisation des garçons au détriment des filles. Cela découle de croyances culturelles profondément enracinées selon lesquelles une fille est destinée au mariage plutôt qu'à une carrière professionnelle rémunérée.

Selon un rapport de l'UNESCO (janvier 2024), les disparités entre les sexes dans l'enseignement secondaire en République Démocratique du Congo (RDC) sont frappantes : seulement 44 % des filles sont scolarisées, contre 70 % des garçons. Ces écarts peuvent s'expliquer par plusieurs facteurs, notamment le poids des traditions culturelles, la pauvreté, les mariages et grossesses précoces, ainsi que le manque de sensibilisation à l'importance de l'éducation des filles. Le taux d'achèvement de l'enseignement primaire en RDC reflète également ces disparités, avec 79 % des filles qui terminent leur cycle primaire, contre 86 % des garçons.

L'inégalité d'accès à l'éducation est particulièrement marquée pour les filles vivant en milieu rural et issues de familles pauvres. Ces jeunes filles font face à plus de difficultés pour achever leurs études que les garçons vivant en milieu urbain et issus de familles plus aisées. Par exemple, une fille vivant dans une zone rurale reculée et appartenant à un ménage à faible revenu est confrontée à des obstacles économiques, logistiques, et culturels supplémentaires qui freinent ses chances d'accéder à une éducation de qualité.

Cependant, il est important de souligner les efforts considérables du gouvernement de la RDC, en partenariat avec l'ONU, pour améliorer l'accès à l'éducation à travers des initiatives comme la gratuité de l'enseignement. Ces efforts ont conduit à une augmentation significative de la fréquentation scolaire des filles au cours des dernières années. Un exemple concret se trouve dans la ville de Kolwezi, à environ 300 km de Lubumbashi, où l'Institut Tujenge de Musonoie a enregistré, durant l'année scolaire 2022-2023, un total de 989 élèves, dont 662 filles (67 %) et 327 garçons (33 %), ce qui illustre les progrès dans l'équité d'accès à l'éducation.

Ces initiatives marquent un pas vers une meilleure inclusion des jeunes filles dans le système éducatif, bien que beaucoup reste à faire pour réduire les disparités persistantes entre les sexes.

Je ne peux clore ce chapitre sans encourager les jeunes, en particulier les jeunes femmes, à poursuivre leurs études, à prendre conscience de l'importance de s'instruire et de s'investir sérieusement dans leur parcours scolaire, car ils le font avant tout pour eux-mêmes et non pour leurs parents.

**2**

# MON PARCOURS UNIVERSITAIRE

Ma rencontre avec Jésus-Christ a totalement transformé ma vie en me faisant comprendre que j'étais utile et que j'avais ma place dans la société. En effet, mettre tout en œuvre pour rester agréable à mon Seigneur était non seulement l'une de mes préoccupations, mais mon combat pour devenir une personne de valeur pour lui et dans la vie. Tels étaient désormais mes défis à relever !

C'est pourquoi mes premiers pas au sein du « grand temple du savoir » m'ont confortée dans ma détermination à poursuivre mes études. J'étais heureuse d'être maintenant admise dans le département des sciences sociales après mon inscription à l'Université de Lubumbashi (UNILU). Cependant, j'ignorais qu'un accueil frustrant et humiliant m'était réservé de la part des anciens du département.

J'ai été très dépaysée en parcourant les amphithéâtres et les nombreux départements de l'université et son nombre impressionnant d'étudiants. Tout ceci était un monde nouveau pour moi, avec ses propres réalités. Je fus soulagée quand je rencontrai Micky Mayang, une amie d'enfance de Mulungwishi, qui m'avait beaucoup aidée et que j'avais perdue de vue depuis longtemps. On se retrouvait à la bibliothèque pour étudier ou effectuer des travaux dirigés à la demande de nos professeurs, et on en profitait pour se raconter nos vies.

Dans cette période, je payais mes études avec mes petites économies, dont les nombreux frais de déplacement, l'achat de fournitures scolaires et de nourriture, pour ne mentionner que cela. Micky m'aidait parfois à payer ma nourriture. Après quelques mois, j'ai compris que je devrais sans cesse prévoir un budget important pour couvrir les frais de mes études. Or, je n'avais aucune source de revenus, mis à part le soutien financier de ma mère par moment.

Encore une fois, ma situation financière devenait un problème au fur et à mesure que j'étudiais. En effet, je n'avais qu'une seule robe et une paire de chaussures usée ! J'étais devenue l'objet de moqueries des clans de filles qui m'entouraient. Un jour, après les cours, j'ai été agressée verbalement par ma voisine de classe, en présence de tous les étudiants de mon département. D'une voix forte, elle s'adressa à moi en lingala : *Oyokaka soni te, kolataka kaka elam'ba moko na campus mikolo nyosso, luka mobali kasi, oyo ako sunga yo naba besoin.* (Tu n'as pas honte de porter tous les jours le même habit sur le campus ? Cherche-toi donc un homme qui peut subvenir à tes besoins.) C'était profondément humiliant.

Je recevais régulièrement des reproches de ces filles de ne pas suivre la mode et les mêmes tendances qu'elles, de ne pas avoir de petit ami, de ne pas m'intégrer à un groupe d'étudiants, car en réalité je m'intéressais beaucoup trop à ma vie de prière et aux réunions de mon église. Même si elles prenaient plaisir à se moquer de moi, mes préoccupations étaient ailleurs : je n'arrivais pas à subvenir à mes besoins élémentaires en tant que jeune étudiante, même pas à photocopier mes documents pour les cours.

C'est peut-être pour toutes ces raisons que certaines me proposaient des pratiques contraires à ma foi chrétienne. Selon elles, je devais absolument trouver un moyen, même indécent, pour obtenir de l'argent. Je ne les écoutais pas. J'étais déterminée à ne pas tenter une telle aventure de peur de vivre la même situation que ma mère. J'alimentais donc ma foi par des versets bibliques, tels que : « Si donc quelqu'un est en Christ, il est une nouvelle créature, les choses anciennes sont passées, voici, toutes choses sont devenues nouvelles. »[12]

---

12  2 Corinthiens 5.17

Cependant, j'étais toujours à court de moyens financiers avant la fin de l'année scolaire. Je n'avais aucun soutien. Heureusement, j'ai pu l'achever grâce à l'argent que je gagnais pendant les vacances, lorsque je retournais auprès des miens pour chercher à faire des économies.

## Une pause soudaine

Pendant que je rentrais pour l'objectif bien assigné de réussir mon année scolaire malgré les moqueries, un autre évènement survint : le massacre d'étudiants de l'université. La fameuse opération *Lititi Mboka* avait occasionné la fermeture du campus pendant deux ans ! Comme si cela ne suffisait pas, j'ai perdu quelque temps après ma sœur cadette Olga. Elle avait connu de graves problèmes de santé à cause de la fièvre typhoïde, qui avait atteint son stade ultime. Le garçon qui l'avait mise enceinte ne voulait pas assumer ses responsabilités. Elle était très fragile et nécessitait des soins spécifiques. Malheureusement, elle perdit la vie lors d'une intervention chirurgicale. Cet évènement douloureux, en plus de l'absence de mon père, a affecté profondément ma vie.

Face à cette pause qui s'était imposée à moi, c'est donc sans discuter que j'ai rejoint ma mère pour travailler tous les matins au restaurant de la Librairie Papeterie Méthodiste Unie (LIPAMU). Chaque soir, je profitais des réunions au sein de la Cité Évangélique *Viens et Vois*, dont je suis devenue membre, du temps où le feu pasteur Albert Lukusa dirigeait cette assemblée.

Comme nous effectuions bien notre travail, les ventes au restaurant augmentaient. Les clients appréciaient beaucoup la qualité et le professionnalisme de notre service. Ils se présentaient jour après jour, surtout en fin de semaine. Quand c'était un peu plus calme, je discutais parfois avec certains d'entre eux. C'était une occasion de leur parler de Jésus-Christ.

Un jour, alors que je venais de terminer mon quart de travail, je voulu rendre visite à mon encadreur spirituel, l'ancien Kambaj, qui était hospitalisé à l'hôpital de la Société nationale des chemins de fer du Congo (SNCC) à la suite d'un accident de circulation. Je me démenais pour trouver le numéro exact de sa chambre quand j'aperçu des gens qui semblaient appartenir à la Cité Évangélique Viens et Vois. Ils n'avaient pas l'information que je cherchais et je me suis débrouillée autrement. Comme d'habitude, je ne savais pas encore ce que Dieu me réservait après la rencontre de ces personnes.

Quelques jours plus tard, un jeune homme dans la trentaine m'aborda. C'était l'une des personnes auprès de qui j'avais cherché des renseignements à l'hôpital. Il me demanda : « Puis-je m'entretenir un moment avec vous ? » Ce à quoi je répondis : « Je voudrais bien, mais je manque de temps. » Ce qui était vrai, car je ne pouvais pas vraiment discuter avec quelqu'un pendant mes heures de service. Je lui ai dit que s'il tenait à me rencontrer, il devait venir à la maison. Aussi lui ai-je donné mon adresse.

J'ignorais jusque-là pourquoi il voulait me parler. Je me disais qu'il voulait peut-être en connaitre davantage sur la Bible, ou se confier à moi afin d'obtenir de l'aide sur le plan spirituel, puisque ces rencontres ou ces discussions se présentaient souvent à moi lorsque j'évangélisais.

Après une brève introduction, je réalisais tout de suite que j'étais en face d'une personne qui avait une bonne connaissance de la Parole de Dieu. Ne connaissant toujours pas le but de sa visite, je l'ai interrogé à nouveau. Il m'a regardée tendrement en m'adressant ces paroles : « Mademoiselle Huguette, puis-je vous tutoyer si vous n'y voyez pas d'inconvénient ?... Pour être franc, je t'observe depuis un moment, et je veux que tu sois la mère de mes enfants, mon épouse et ma partenaire. » J'étais bouche-bée. Il poursuivit. « C'est ce désir-là qui m'a attiré vers toi. Ensuite, en me renseignant davantage, j'ai découvert que tu étais chrétienne, une enfant de Dieu. »

Toute femme comprendra ma pensée et mon bouleversement à cet instant précis. Ce jeune homme, du nom de Kasongo Mutshaila, n'avait que de belles paroles à mon égard. Il était surtout précis et concis dans son discours. « La beauté dont la nature t'a dotée ainsi que la piété dont tu fais preuve ont fait naitre en moi un immense amour, un réel amour. Tu es l'objet de mes pensées, et je n'imagine pas mon quotidien sans toi. J'ai prié. J'ai demandé à Dieu de me guider, par un signe, à trouver la femme de ma vie. C'est toi qui corresponds aux qualités que je recherchais chez une épouse ! »

Voici le fameux signe qu'il avait demandé à Dieu pour savoir qui serait sa compagne de vie : « La première fille qui osera me parler sera celle que Dieu avait prévue pour moi. » Et le jour-même, je m'étais dirigée vers lui et son ami pour obtenir des informations concernant la chambre d'hôpital de mon encadreur. L'homme qui m'avait fait ce si beau discours était presque à la fin de son jeûne, et c'est alors qu'il a compris, par le signe demandé et le langage de l'Esprit, que j'étais la femme qu'il cherchait. Il en avait la conviction.

Au terme de notre entretien, je lui fis savoir que je souhaitais plutôt continuer mes études. Néanmoins, je comprenais sa démarche et je voulais prier pour cela. Il devait donc m'accorder du temps.

Deux mois plus tard, il est revenu me voir en me disant qu'il désirait me fréquenter. J'ai d'abord tenu à en informer ma mère. Ensuite, j'en ai fait part à mon encadreur spirituel. Je lui ai dit que cette amitié devenait de plus en plus sérieuse. Je lui ai parlé des intentions de cet homme à mon égard et surtout de mon souci de vérifier l'authenticité de sa foi. Quelque temps après avoir rencontré la communauté dont il était membre, le serviteur de Dieu a témoigné de la bonne moralité de Kasongo Mutshaila et de son engagement au sein de sa communauté. Par le soutien de mon encadreur (l'ancien Kambaj), j'ai fini par accepter sa demande en mariage.

C'est ainsi que la pause forcée et soudaine qui avait retardé mes études s'est arrêtée. Mon quotidien a connu une accélération dans un autre domaine très important de ma vie. C'est en cela que la Parole de Dieu trouve encore toute sa raison d'être quand elle nous dit : « Il y a dans le cœur de l'homme beaucoup de projets, Mais c'est le dessein de l'Éternel qui s'accomplit. »[13]

# Du jeune homme à l'homme de ma vie

C'était la première fois que je vivais une relation avec un homme. Naturellement, j'ai eu de la difficulté à m'adapter, mais Dieu m'a beaucoup soutenue au début de cette relation, et il le fait encore aujourd'hui. Oui, ce jeune homme de trente ans est l'homme de ma vie jusqu'à ce jour. Nous avons fêté nos 32 ans de mariage le 16 novembre 2023.

---

13      Proverbes 19.21

Mon époux m'apportait son soutien dans tous les domaines. Nous échangions souvent nos idées sur des sujets d'ordre spirituel et autres. Nous nous intéressions au passé de chacun, à l'appel de Dieu sur nos vies, au ministère dans l'église, à la vie de prière et à notre vie future. Nous nous faisions des confidences. Je n'avais pas la vie facile au sein de ma belle-famille, car j'étais la première étrangère au milieu d'eux. Il y avait de bons et de mauvais moments, comme dans toute famille.

Au fil du temps, nous avons appris à nous connaitre et à nous pardonner mutuellement. Nous sommes aujourd'hui soudés les uns aux autres comme les membres d'une même famille. Dieu merci, j'ai eu un beau-père d'une grande sagesse, qui m'a beaucoup aimée. Tout est possible avec Dieu.

Pour revenir à cette période d'antan, après s'être présenté à ma mère et à ma grand-mère, celui qui deviendrait mon époux m'a rendu visite tous les soirs à la fin de mon travail au restaurant. La procédure de nos coutumes relatives à la dot a été suivie par les deux familles dans le respect de la tradition. Après nos fiançailles, il m'a d'abord présentée à ses parents, ensuite, à son pasteur. Plus tard, nous nous sommes présentés ensemble dans chacune de nos églises respectives. Enfin, nous avons terminé nos démarches devant l'officier de l'état civil en date du 16 novembre 1991, et nous avons célébré notre mariage religieux le 30ᵉ jour du même mois.

Comme pour toute femme, ce moment a été l'un des plus beaux de ma vie. J'étais maintenant femme au foyer, l'épouse d'un homme avec la crainte de Dieu. Toujours consciente des défis qui m'attendaient, je préférais les oublier pour profiter des instants de bonheur que m'offrait la vie.

Je crois que chaque rose, aussi belle soit-elle, est toujours accompagnée d'épines. Quelques mois après notre mariage, j'ai perdu notre premier bébé à la naissance. Il pesait 4,8 kilos. Ce drame a été l'une des pages les plus douloureuses de notre vie de couple. Nous avons réussi à surmonter cette épreuve grâce au soutien que nous nous apportions mutuellement. Par la suite, je fus gravement malade durant trois ans. J'ai pu me remettre, et trois ans plus tard, le Seigneur a décidé de nous consoler par la venue de notre premier garçon, que nous avons nommé Josias (le roi réformateur). C'est alors que j'ai retrouvé la joie immense d'être mère. Durant cette période, nous avons résidé à Mbuji-Mayi, dans la province du Kasaï-Oriental. Un an et deux mois plus tard après la naissance de notre garçon, j'attendais un second enfant, une jolie petite fille que nous avons nommée Annie (en référence à Anne, la mère du prophète Samuel). Peu de temps après mon accouchement, mon époux a effectué un voyage en Angleterre pour ses études. Il s'est absenté pendant treize mois pour effectuer son programme postuniversitaire de Maitrise en développement rural et social à la Reading University.

Les conditions de vie étaient difficiles en son absence, même si je continuais à percevoir 50$ américains provenant de l'organisation de mon mari. Je devais utiliser cette somme pour payer le loyer (20$ américains par mois) et subvenir aux besoins de mes deux enfants de 1 an et 1 mois respectivement. J'allaitais le nouveau-né, Annie, et Josias devait être sevré et nourri au biberon selon les conseils des médecins. L'argent que je recevais n'était pas suffisant pour satisfaire tous ces besoins, sans parler des autres dépenses supplémentaires.

Malgré l'aide financière de Maman et de mon beau-père, je fus contrainte de quitter la maison dont nous étions locataires pour regagner notre propre maison inachevée de deux pièces, qui était dans un piteux état. Ils continuèrent néanmoins de me soutenir jusqu'au retour de mon époux.

Malgré les conditions parfois pénibles, j'avais cette assurance que mon Seigneur et Sauveur, vers qui je tournais toujours mon regard, ne m'avait pas oubliée et qu'il se souviendrait de moi. Et c'est ce qui s'est passé. Mon époux a obtenu une promotion en tant que Directeur des opérations à World Vision dès son retour d'Angleterre.

Mon statut a changé et mon mode de vie aussi. Mais le plus important dans tout cela était la détermination, la joie de vivre et l'assurance qui m'animaient au quotidien. Je ne craignais plus de vivre la même situation que ma mère.

Dès le retour de mon mari, le Seigneur a continué à me bénir dans tous les domaines. Cependant, il n'était plus évident pour moi de poursuivre mes études puisque que j'étais enceinte de mon troisième enfant.

J'avais toujours ce désir brûlant en moi. J'en ai fait part avec insistance à mon époux, au départ très réticent à cause de ma grosses, qui m'a finalement donné son accord. J'ai donc repris les cours en m'inscrivant à l'Institut Supérieur Pédagogique (ISP) de Lubumbashi.

## Maman à l'université

La jeune femme qui avait quitté les cités universitaires y retournait en tant que mère. Le début n'a pas été facile. Les femmes de la formation se moquaient de moi. Elles ne croyaient pas que j'allais terminer mes études.

Pour elles, il n'y avait aucun intérêt à continuer une formation en tant que femme au foyer. Mais j'ai relevé le défi : j'ai terminé mes cinq ans d'études au département d'Anglais et Cultures Africaines grâce à Dieu et à ma détermination.

Pendant ces années, chaque matin, je déposais mon fils ainé à l'école le Bambi avant d'aller à mes cours. Quand j'avais terminé, je retournais le chercher dans sa classe. Parfois, c'est auprès de la sentinelle de l'école que je reprenais mon fils, parce qu'à l'heure où je sortais de la faculté, tous les enfants étaient déjà sortis des classes. Mon petit garçon restait souvent seul en compagnie de ce gardien. De fait, j'ai pu conclure une entente avec lui pour veiller, au meilleur de ses capacités, sur mon fils avant mon arrivée.

Le changement de mon rang social avait aussi entraîné d'énormes responsabilités. J'étais au cœur d'une sorte de labyrinthe dans lequel je devais avancer en pensant à mes études, à mes devoirs de femme au foyer, à mes enfants, à l'église... Pour m'aider, je fis appel à ma jeune sœur, Kat Kambol, étudiante elle aussi, mais en mesure de s'occuper des enfants le soir.

Comme nous l'avons vu au chapitre précédent, de nos jours, plusieurs jeunes femmes n'ont pas eu la chance de poursuivre leurs études pour des raisons similaires. En République Démocratique du Congo par exemple, comme dans de nombreuses autres régions d'Afrique, l'accès à l'éducation pour les jeunes filles reste un défi majeur. De nombreuses barrières, aussi bien culturelles que structurelles, freinent leur progression. Dans certaines familles, les priorités sont orientées vers le mariage précoce ou l'aide aux travaux domestiques, ce qui laisse peu de place à l'éducation. Les ressources financières limitées amènent souvent les familles à privilégier l'éducation des garçons, les filles étant perçues comme destinées à des rôles traditionnels.

Dans les zones rurales de ces pays, les établissements scolaires sont souvent éloignés, les infrastructures insuffisantes et l'accès à l'école pour les filles est perçu comme un luxe. Cela sans compter les problèmes d'insécurité, particulièrement en RDC, où les conflits armés rendent les déplacements en région dangereux, et exposent les jeunes filles à des risques d'enlèvements, d'exploitation ou de violence sexuelle.

Selon les données de l'UNICEF[14], moins de la moitié des filles en âge d'aller à l'école secondaire en RDC sont effectivement scolarisées, une situation aggravée par les crises humanitaires. En Mauritanie, pays où je m'établirais plus tard, bien que le gouvernement ait mis en place des initiatives pour encourager l'éducation des filles, notamment dans les zones rurales et désertiques, beaucoup restent

---

14    Secondary education data, Juillet 2024, UNICEF.org

déscolarisées dès l'adolescence. Les pesanteurs sociales et les contraintes économiques freinent les efforts de scolarisation, particulièrement dans les familles les plus pauvres.

Ainsi, même lorsque ces jeunes femmes reçoivent la visite du Seigneur au sein de leur mariage, elles finissent par baisser les bras sous prétexte qu'elles ne peuvent plus étudier à cause des enfants, de leur mari, et autres responsabilités. La conciliation famille-travail est difficile. Or, ces femmes doivent être conscientes que rien ne résiste à un esprit courageux et déterminé. La Bible renferme beaucoup d'exemples de courage. Je vous invite donc à ne jamais abandonner vos rêves, quelles que soient les épreuves. Josué lui-même a reçu une parole fortifiante avant de conquérir la Terre Promise : « Ne t'ai-je pas donné cet ordre : Fortifie-toi et prends courage ? Ne t'effraie point et ne t'épouvante point, car l'Eternel, ton Dieu, est avec toi dans tout ce que tu entreprendras. » (Josué 1 :9)

## Un rêve qui devient réalité

Par la suite, j'ai commencé à donner des cours au Complexe Scolaire Épiphanie. Mon époux m'a suggéré d'arrêter ce travail pour me consacrer complètement à l'éducation de nos enfants et à notre foyer, car mon revenu ne suffisait même pas à couvrir le tiers de mes charges économiques ni mon transport.

Cette décision a été dure à avaler, car au-delà de la gestion de mon foyer, je souhaitais apporter mon soutien à mon mari et venir en aide aux personnes autour de moi. Déterminée, une porte s'est ouverte à moi. J'ai pu créer une ONG, dénommée AFEVOS, une association de femmes qui encadre les enfants vulnérables, les orphelins et les femmes vivant avec le VIH/SIDA pour leur faire connaitre l'amour de Dieu. Je me rappelais cette parole qui dit que « La religion pure et sans tache, devant Dieu notre Père, consiste à visiter les orphelins et les veuves dans leurs af-flictions [...][15] » Donner aux autres ce que j'avais eu la grâce de recevoir était une manière d'être reconnaissante envers Celui qui avait été si généreux envers moi.

Je prenais plaisir à m'investir pleinement dans cette activité de laquelle je tirais ma joie. Au fur et à mesure que j'écoutais les gens, je découvrais leur souffrance. Autrement dit, je découvrais mon propre passé et mes souffrances, comme l'abandon, le rejet et le manque de considération sous diverses formes. Au-delà des dons que nous rece-vions pour aider les nécessiteux, je ne pouvais pas rester indifférente. C'est la raison pour laquelle j'ai décidé de leur

---

15      Jacques 1.27

faire connaitre la Parole de Dieu pour susciter l'espoir en eux, soigner le rejet dont ils étaient victimes, soulager les blessures qu'ils portaient, rendre possible ce qui leur semblait impossible, pour briser cette mentalité qui leur faisait accepter la défaite, pour leur donner un nouvel espoir de vivre comme tout le monde, et surtout pour leur apporter la Bonne Nouvelle que je considère être l'espoir des nations (Hope For Nations).

Dans le souci d'atteindre ma vision, celle de prendre soin des autres, j'ai mis en place une association sans but lucratif (ASBL) dénommée « Association des Femmes Encadrant les Veuves, les Orphelins du SIDA et les autres vulnérables », en sigle AFEVOS. J'ai rassemblé les femmes de mon entité et avec elles nous avons lancé les activités d'AFEVOS. Nous nous sommes conformées à la législation du pays en préparant tous les documents légaux (statuts, Règlement d'Ordre Intérieur, Affiliation aux services spécialisés de l'État : Agriculture, Femme & Famille...) d'AFEVOS. Ceci nous a permis d'obtenir les financements d'organisations telles que FAO (L'Organisation des Nations unies pour l'alimentation et l'agriculture), World Vision (Vision Mondiale), etc.

Avec AFEVOS, nous avons diverses réalisations à notre actif, entre autres :

✓ Regrouper les veuves dans une plateforme de prière et d'entraide sociale. À ce jour, la plateforme comprend 80 veuves ;

✓ Appuyer les femmes dans leurs projets agro-pastoraux (production de maïs et de légumes, élevage de porcs) ;

✓ Soutenir les femmes et les hommes dans les activités génératrices des revenus (atelier de coupe & couture, atelier de soudure, atelier de fabrication de fours améliorés) ;

✓ Encadrer 60 enfants dans l'éducation (paiement des frais scolaires, distribution des fournitures scolaires). Ceci en faveur des enfants et jeunes du cycle primaire, secondaire et universitaire ;

✓ Distribuer des cadeaux de Noël aux enfants et ce, en collaboration avec l'ONG humanitaire internationale chrétienne Samaritan's Purse ;

✓ Sensibiliser et former sur le VIH/SIDA ;

✓ Référencer les personnes vivant avec le SIDA auprès des structures de prise en charge, telle que la structure AMO-Congo, une Organisation Non Gouvernementale congolaise engagée dans la lutte contre le VIH/Sida en République Démocratique du Congo.

Bien qu'étant hors de la RDC, AFEVOS continue à opérer avec des ressources limitées. Actuellement, le focus est sur l'encadrement des veuves. Celles-ci se retrouvent régulièrement dans leur plateforme de prière et d'entraide sociale.

# 3

# FACE À LA VIE ET SES DÉFIS

L'an 2000 arriva. J'étais enceinte de ma troisième fille, Grâce. Étant presque à terme, je reçu un message : « On te demande d'urgence au Centre Méthodiste LIPAMU ». C'était notre ancien lieu de travail à Maman et moi. Je pouvais à peine marcher à cause de mon état, mais comme le message avait l'air urgent, je me senti obligée d'y répondre. Je me mis en route pour rencontrer la personne qui désirait me voir, sans même savoir qui c'était.

Tandis que je montais les escaliers du centre LIPAMU, j'entendis quelqu'un crier mon nom à plein gosier du haut du balcon : « Huguette ! Huguette ! » Il était revenu. Je n'en croyais pas mes yeux ! J'avais devant moi celui dont on me montrait souvent l'image en disant : « C'est ton papa Joseph », appelé tendrement José par ma mère. Cette fois-ci, c'est moi qui criais en me précipitant vers le deuxième étage. J'avais oublié mon état de grossesse avancé.

Je me suis donc retrouvée en face de mon père, comme une petite fille qui n'a jamais grandis. J'étais envahie par tant d'émotions. Cette rencontre a réanimé les sentiments de la petite fille qui n'avait pas bénéficié de la présence de son père. Quand nos regards se sont croisés, nos larmes ont commencé à couler. Nous nous sommes précipités l'un vers l'autre pour nous embrasser. Cela faisait littéralement vingt ans que je n'avais pas revu mon père. J'avais envie de lui raconter toute ma vie, et lui, d'en connaitre davantage sur moi.

Il s'est mis à me faire le récit de sa vie en Angola. Il s'avère que ce n'était pas dans son plan d'y demeurer aussi longtemps. En effet, son père était mort. Il est donc parti pour répondre à l'invitation impérative de rejoindre sa famille. À son arrivée, son séjour a pris une autre tournure. Il avait été désigné aumônier en intégrant le service militaire. La vie n'était pas vraiment facile. Dieu tire toujours sa gloire dans les situations plaisantes ou douloureuses, dans le chaud ou le froid, dans la nuit ou la lumière, et il permit à mon père d'implanter sept églises dans les milieux où l'Évangile n'était pas connu, où la possibilité d'implanter des églises locales n'était que chimère. De plus, c'était une contrée sans perspective de développement.

Quand le temps est venu de rentrer, il s'est frayé un chemin dans l'Alliance des forces démocratiques pour la libération du Congo (AFDL), le fameux groupe dirigé par le feu président Laurent Désiré Kabila. C'est de cette manière qu'il se retrouvait maintenant à Lubumbashi. Il me racontait en détail ce qu'il avait vécu pendant ces vingt années d'absence. Il n'était pas seulement pressé de me narrer son histoire, il voulait savoir comment j'étais devenue épouse, femme au foyer et mère de famille. Il avait oublié que je n'étais plus une enfant, j'avais dû surmonter de nombreux défis au cours des dernières années.

Quelque temps après son arrivée, il voulut revoir sa femme, ma mère. Je l'ai accompagné. Il lui a demandé pardon. Comme la flamme de l'amour ne semblait pas éteinte en lui, il lui proposa de se réconcilier et de revenir vivre à la maison, puisqu'elle ne s'était pas remariée depuis lors. Étant l'aînée, ils demandèrent mon avis à ce sujet. Après réflexion, je leur conseillais de ne pas se remettre ensemble, car mon père était parti en tant que pasteur et civil, et il était en cours de route devenu militaire. Il est évident que les mentalités des militaires et des civils diffèrent. En fait, il était fort probable qu'il se soit passé beaucoup de choses pendant ses années dans l'armée.

Les membres de la famille voulaient qu'ils se réconcilient, car ma mère avait souffert de cette séparation. En effet, pendant l'absence de mon père, elle nous racontait régulièrement les différentes aventures qu'ils avaient vécues ensemble. Il n'y avait aucune histoire, aucun souvenir, aucun exemple qu'elle pouvait raconter sans faire allusion à son cher époux. Pour moi, il n'était qu'un beau souvenir qui avait laissé des traces douloureuses dans le cœur d'une pauvre femme.

C'est pour cette raison que je détestais les hommes, même au début de mon mariage. Je vivais dans la peur de vivre ce que ma mère avait vécu, surtout quand elle se sentait impuissante face aux charges familiales qu'elle devait supporter. Maman était une religieuse catholique vivant à l'étranger. Quand elle est venue rendre visite à ses parents, ils ne l'ont jamais laissé repartir. Elle était la fille ainée et ils avaient prévu qu'elle se marie. Les parents de ma mère et ceux de mon père se connaissaient. Cependant, elle regrettait d'avoir renoncé à ses vœux pour se marier.

Pour revenir à l'histoire du retour de Papa, les familles insistèrent donc pour que mes parents se remettent ensemble, ce qu'ils ont fait. Très rapidement, je m'aperçu que le conseil que je leur avais donné était éclairé. En effet, pendant ses vingt années d'absence, mon père avait épousé une autre femme en Angola et avait eu des enfants avec elle. Lorsque j'appris cela, j'eu très mal. Son désir de tout reconquérir n'était pas terminé. Après avoir récupéré sa femme, il voulait réintégrer sa place dans l'église! Une lettre fut envoyée à Kinshasa. Les autorités ecclésiastiques de Kinshasa ont envoyé une lettre aux familles pour savoir ce qu'elles en pensaient.

Pendant que les familles s'affairaient à trancher sur la demande de mon père de revenir avec ma mère, sa demande de réintégrer l'église fut agréée. On lui remit une lettre demandant son transfert pour une église au sud de la République Démocratique du Congo, afin qu'il la remette à son excellence l'évêque Katembo Kainda. Il fut envoyé dans la ville de Kasaji. Après trois ans, il eut droit à sa retraite. Il est alors rentré à la maison, non pas seul, mais avec une femme et des enfants!

L'église a exigé qu'il reprenne sa première femme légitime, c'est-à-dire ma mère, aussi longtemps qu'il tenait à servir comme pasteur. Celle-ci s'est évidemment entretenue avec les familles à ce sujet. Comme il est écrit, « C'est par la sagesse qu'une maison s'élève, Et par l'intelligence qu'elle s'affermit. »[16] Ayant vécu une enfance sans notre père, nous n'avons pas voulu, mes frères et moi, que nos demi-frères expérimentent la même chose. Nous avons donc demandé à notre père de prendre avec nous notre belle-mère, la seconde femme de mon père, pour s'occuper de ses enfants parce que la femme qu'il avait connue en

---

16    Proverbes 24.3

Angola n'était plus là. Nous n'avons pas habité ensemble, mais c'était une manière pour nous d'accepter la nouvelle famille.

Nous avons aussi pris cette décision à cause d'un résultat d'analyse médical que ma mère avait reçu pendant qu'elle vivait sans son cher José. Elle n'était plus en mesure de prendre soin de petits enfants, de répondre aux exigences domestiques d'une femme de foyer... La décision fut donc prise d'un accord unanime sur la question, et ce, sans conflit.

# 4

# DU MARIAGE AU MINISTÈRE

Nous assistons souvent au cours de notre existence à des scènes inouïes qui heurtent notre sensibilité. Elles permettent toutefois d'accomplir des choses inattendues.

Je ne sais comment exprimer la joie qui m'animait lorsque j'ai commencé ma formation théologique en compagnie de mon époux. Je l'ai fait dans le souci de mieux m'équiper pour panser les blessures que j'avais décelées chez mes pensionnaires de l'association. Même si les donateurs de bonne volonté soutenaient matériellement les orphelins, les enfants abandonnés, les malades, les personnes vivant avec le VIH/SIDA, j'avais décelé en eux certaines blessures qui les privaient de cette joie de vivre qui m'habitait. N'étais-je pas moi-même l'exemple d'une personne qui avait traversé différentes épreuves douloureuses et qui les avait surmontées avec l'aide de Dieu ? C'est la raison pour laquelle j'ai compris qu'il fallait que j'adopte une approche holistique pour les aider, et je ne pouvais le faire autrement qu'en leur annonçant la Bonne Nouvelle. Cette solution pouvait les restaurer, comme il en avait été pour moi. Recroquevillée sur moi-même, je souffrais à l'intérieur de moi. Je passais des nuits blanches à me remémorer mon passé dans lequel j'avais eu tant de difficultés à combler mes besoins affectifs et ceux les plus élémentaires. Je pensais aussi aux maladies et aux problèmes physiques que j'avais vécus. Les rendre heureux et leur transmettre le secret de ma guérison étaient les principales raisons de ma formation. Pendant celle-ci, je retrouvais parfois mon mari, même s'il avait un programme différent du mien relié à son service pastoral.

**L'APPEL DE LA DESTINÉE**

Entends-tu cette voix ?
Ce murmure à l'oreille,
Doux comme le miel,
La voix au fond de toi.
Entends-tu cette voix ?
Il y a trop de bruit autour de toi.
Trop d'épine, trop de ronce et d'ivraie.
Entre ta voix, la voix et les voix, qui dit vrai ?
La voix est calme et pleine d'assurance.
Presque inaudible et pourtant pleine de sens.
Elle est certaine de ce qu'elle affirme,
Elle te connaît mieux que tu l'estimes.
Dans le calme et le silence,
La voix déclare : « N'abandonne pas !
Dieu a un plan pour toi.
Il est l'architecte, le scénariste de ta vie.
Tu n'es pas un hasard, Dieu t'a choisie. »
La moisson est grande, mais personne ne veut labourer.
Les besoins sont nombreux, mais personne ne tend la main.
Si seulement tu voulais suivre le chemin,
Si seulement tu pouvais entendre la voix,
La voix de ta destinée.
**Wêri Poetry**

# Une épreuve salutaire

Je n'avais pas encore les idées claires sur l'appel que j'avais reçu de Dieu. Comme il me fallait encore plus d'arguments à ce sujet, j'avais besoin qu'Il me parle à nouveau et de manière plus claire. Même par la douleur que nous vivons, il est capable de parler.

Le moment arriva où j'eu un problème de hernie discale au niveau de la colonne vertébrale, ce qui a exigé une opération. Je dû donc quitter la province du Katanga pour la capitale, Kinshasa. C'est au Centre hospitalier Nganda que j'ai subi l'opération, à la suite de laquelle je me retrouvais totalement paralysée. Impossible de bouger! Les médecins me diront : « Madame Kasongo, nous sommes désolés de vous apprendre que vous ne pourrez plus retrouver l'usage de vos membres. Nous allons vous faire suivre un programme de rééducation physique en attendant un fauteuil roulant qui doit venir d'Europe. »

Curieusement, je n'étais pas agitée à l'annonce d'une telle nouvelle. Quelque chose au fond de moi refusait d'accepter ce diagnostic. J'étais sereine. Je savais que je n'aurais pas à murmurer ou à me lamenter sur mon sort. Je pense qu'à ce moment-là, la pensée de l'éternité que Dieu met dans nos cœurs[17] a joué un rôle important dans ma vie,

---

17      Ecclésiaste 3.11

car elle m'indiquait que le Seigneur avait sans doute son mot à dire dans ce diagnostic. Au fond, il faut avoir le courage de refuser ce que Dieu n'a pas prévu pour nous quand bien même cela arrive. Même si Dieu avait déjà prévu la santé pour la femme à la perte de sang, c'est son courage et sa foi qui lui ont permis de trouver le plan de Dieu pour sa vie. Honnêtement, je ne me souviens pas avoir articulé mon point de vue sur l'issue fatidique de cette intervention chirurgicale ; mais je me rappelle ne pas avoir accepté cette défaite dans mon esprit. Pour moi, il s'agissait d'une montagne de plus à gravir, et une course de plus à remporter.

Chaque fois qu'on me rencontrait, je gardais le sourire ; c'était naturel. Un jour, mon père arriva à l'improviste à la maison. Nous avons longuement parlé de tout ce qui s'était passé quelques années plus tôt, alors que je n'étais pour lui que sa petite Huguette adorée et innocente : « Tu es désormais madame Kasongo, une femme au grand cœur façonnée par la Parole de Dieu ! Je suis fier de toi, ma fille. Désormais, je serai à tes côtés », m'a-t-il dit en me faisant un gros câlin. Il m'a fixée dans les yeux pendant un long moment, puis il s'est dirigé vers la porte en prononçant ces mots : « Sache que tu ne mourras pas. Ton Dieu continuera à veiller sur toi. Tu es bénie. Et merci pour cet amour que tu manifestes à mon égard ! Je te garderai toujours au plus profond de mon cœur. »

Pendant ce temps, j'observais mon époux avec tristesse. Il devait naviguer entre Lubumbashi, où il travaillait, et Kinshasa, pour veiller sur sa femme alitée et leurs six enfants. Il avait accumulé plusieurs jours d'absence pour être à mes côtés. Il vaquait à toutes ces tâches sans que je ne puisse l'assister et cela me révoltait.

Je n'ai pas pu m'empêcher de lui demander de rentrer à Lubumbashi dans le souci qu'il préserve son travail, ce à quoi il répondit : « Je peux trouver un autre emploi si je perds celui-ci, mais je ne pourrai pas trouver une autre Huguette si je te perds. Alors je préfère rester à tes côtés. » J'étais touchée par son amour à mon égard et par les grands sacrifices qu'il acceptait de faire pour moi. Il accomplissait réellement cette parole qui dit qu'« Il n'y a pas de plus grand amour que de donner sa vie pour ses amis[18]. »

## Un miracle inattendu

C'est pendant cette période que Dieu a commencé à me parler distinctement sur mon appel pastoral. Je lui confiais que j'étais une femme et qu'ici, dans la 30e Communauté pentecôtiste du Congo (CPCO), le ministère de la femme n'est pas accepté et encore moins reconnu. Si c'était bien

---

18      Jean 15.13

Lui qui m'appelait, il fallait qu'Il agisse seul, car je n'avais pas envie d'avoir des problèmes avec la communauté. Dieu a entendu ma prière alors que j'étais encore sur mon lit d'hôpital. Un groupe de serviteurs de Dieu de la République démocratique du Congo et d'autres pays s'était engagé à venir prier pour moi dans ma chambre d'hôpital. Il s'agissait de John Robb et son fils des États-Unis, l'Évêque Stephen Mutua du Kenya, Borotho du Lesotho, Élisabeth et Peter Sikonyane de la République sud-africaine, et Godwin du Zimbabwe. Ces personnes étaient invitées pour une rencontre de prière pour la nation organisée par World Vision. Mon mari faisait partie de l'organisation de cet évènement en tant que Représentant et Directeur national du Congo.

Après avoir parlé de mon cas à ces serviteurs de Dieu, il les accompagna pour me rencontrer à au Centre Nganda. Ils ont révélé la raison pour laquelle j'étais dans cet état et confinée dans ce lieu. Selon ce qu'ils avaient reçu de la part du Seigneur, cette chambre était un lieu d'isolement afin que je puisse répondre à mon appel de servir le Seigneur et d'accomplir son œuvre. Par la suite, ils m'ont oint et ont prié pour moi. Je suis restée bouche bée devant cette scène.

Mon cousin Serge et sa femme Tshikomba prenaient souvent soin de moi en l'absence de mon époux. Un jour où j'étais seule, pendant un temps de méditation, j'entendis soudainement une douce voix me dire « Lève-toi et marche. » J'ai tout de suite pensé que cette voix provenait d'une personne qui s'entretenait avec quelqu'un près de ma chambre. Quand j'ai réalisé que j'étais seule, la même voix se fit entendre une seconde puis une troisième fois. J'ai compris à l'instant que c'est le Seigneur qui me parlait.

En entendant ces paroles, j'ai estimé la hauteur importante qui se trouvait entre mon lit et le sol. Aussitôt, je me suis souvenu des directives du médecin, celles de ne faire aucun mouvement de peur que je ne me brise totalement la colonne vertébrale. Ce qu'il faut retenir, c'est que très souvent Dieu nous demande de faire ce que les hommes eux nous déconseillent, pour que la gloire lui revienne entièrement.

Si j'envisageais de faire un mouvement, je n'avais aucun levier sur lequel m'appuyer. Toutes les conditions étaient réunies pour ne pas obéir à cette voix. Cependant, je mis ma foi en action. J'écoutais la voix sans me poser de questions. D'abord, je me redressais, puis je posais mes pieds au sol. Ensuite, j'exécutais un pas, puis un autre. Je sentais mes pieds légers. Je me suis rendue jusqu'à la porte de ma chambre et, petit à petit, jusqu'à la réception, à la grande surprise des médecins, du personnel de l'hôpital et des autres patients. Aucune langue au monde ne pouvait décrire la joie qui inondait mon cœur à ce moment-là! Tous ont crié : « *Atamboli !* », ce qui veut dire : « Elle a marché! »

Il est bon de faire des choses difficiles avec Dieu pour rendre notre vie facile par la suite. Pensons à Pierre qui a marché sur les eaux, défiant ainsi la loi de la pesanteur[19], et à Josué qui a arrêté le soleil et la lune pour faire fuir les ennemis d'Israël.[20]

Dans la cour de l'hôpital, je respirais des bouffées d'air frais. J'étais heureuse, très heureuse de sentir les beaux rayons du soleil parcourir mon corps. J'ai non seulement constaté l'importance de ces éléments de la nature qui m'avaient tant manqué, mais j'ai aussi compris que Dieu aime passer des moments intimes avec nous pour nous communiquer de grandes choses sur notre vie.

Le médecin qui m'avait opérée a été informé de ma guérison miraculeuse. Très heureux, il m'a confié qu'il savait qui était à l'origine de ma guérison, car il reconnaissait lui-même ses propres limites. Il a glorifié le nom du Seigneur, pendant que certains me posaient la question : « Comment as-tu fait pour retrouver l'usage de tes membres? » Ce à quoi je répondais gentiment : « J'ai écouté la voix de Jésus-Christ, et j'ai mis en pratique ce qu'il m'a demandé de faire! »

---

19  Matthieu 14.22-23
20  Josué 10.13

Peu de temps après, les médecins ont certifié la vérité de ma guérison miraculeuse. Ayant réalisé que le mal était éradiqué, ils ont autorisé ma sortie de l'hôpital. Je suis donc rentrée à Lubumbashi pour regagner ma famille.

J'étais en convalescence, mais parfaitement rétablie par la main agissante du Seigneur. C'est à ce moment-là que mon époux m'informa qu'il avait perdu son emploi. Il n'avait pas voulu m'en parler plus tôt parce qu'il était davantage préoccupé par ma santé que par son travail.

Dans son discours de départ, le PDG de Coca-Cola a dit que la vie est un jeu dans lequel nous jonglons avec cinq balles (la communion avec Dieu, la famille, les amis, la santé et le travail). Le travail est comme une balle en caoutchouc. Si nous la laissons tomber, elle rebondira et nous reviendra. Mais les quatre autres balles (la communion avec Dieu, la famille, les amis et la santé) sont fragiles comme le cristal. Si nous laissons tomber l'une d'elles, elle est irrécupérable. Ainsi, bien que mon époux eût perdu son travail (la balle en caoutchouc), il lui était possible d'en obtenir un autre. La balle reviendrait assurément vers lui.

À ma sortie de l'hôpital, je n'ai rien dit au pasteur Gustave concernant les différents pasteurs qui m'avaient consacrée pour le ministère par ordre de l'Esprit. Je ne voulais pas qu'il le prenne mal, d'autant plus que nous avions déjà discuté de mon désir de m'engager dans un ministère pastoral, et qu'il ne semblait pas d'accord.

## Ma vocation pastorale

Quelque temps après ma guérison, j'entendais régulièrement la voix du Seigneur qui m'appelait à le servir. Cet appel était tenace : « Je t'appelle pour servir dans mon champ ! » J'en parlais à mon époux dans le but de m'aider à comprendre le sens de ce phénomène, mais il n'y accordait aucun intérêt. Au fil du temps, la même voix s'adressait toujours à moi, parfois en présence de mon époux, lequel affirmait n'avoir rien entendu.

J'étais incomprise et pourtant, la voix persistait. De plus, je faisais des songes très réalistes. Je me retrouvais dans une école biblique avec mon mari. Ces rêves n'avaient pas de sens à l'époque, mais aujourd'hui, c'est exactement ce que je vis.

À l'époque, mon mari n'était pas convaincu de mon appel au ministère pastoral. Ayant probablement accumulé trop de frustrations, il me dit un jour : « Sans doute est-ce par toi que le Seigneur confirme mon appel au ministère, pour me rappeler la mission dont je t'avais parlé pendant nos fiançailles ! » Il était difficile pour lui d'accepter ce qui m'arrivait car il avait grandi dans une communauté pentecôtiste où le ministère pastoral de la femme n'était pas reconnu.

Étant sa femme, je me devais de lui être soumise. D'autant plus que je m'étais résignée à aborder ce sujet car il suscitait toujours des désaccords entre nous. Je me suis donc tournée vers Dieu dans la prière.

Avant que je ne tombe vraiment malade, je voulais faire du commerce parce que l'opposition de mon mari quant à mon ministère m'obligeait à penser à autre chose. Je me suis donc investie dans la vente de vêtements d'enfants.

Trois ans plus tard, mon mari dû participer à une retraite des serviteurs de Dieu à Vinamont. C'est là que Dieu lui parla par l'entremise d'un homme de Dieu. Ce dernier l'appela par son nom et lui dit : « Le Seigneur me demande si tu étais présent lorsqu'il a créé les hommes. » Évidemment, mon mari répondu « Non » Le serviteur continua : « Est-ce toi qui connais les gens dignes d'exercer un ministère pastoral et ceux qui ne le sont pas ? » Étonné, mon mari répondit : « Mais pourquoi cette question de la part du Seigneur ? »

« Il y a des disputes et des discussions dans ta maison concernant l'appel de ta femme. Il y a deux appels à servir le Seigneur dans votre maison, alors laisse ta femme servir

Dieu ! » C'est dans cet élan que le serviteur lui confirmera que Dieu agrée le ministère de la femme, et plus particulièrement le mien.

Une année après, l'église que nous fréquentions (l'Église Évangélique de la Grâce dirigée par le pasteur Gustave Tshibambe) instaura un temps de jeûne et de prière d'environ un mois. J'avais déjà rencontré le pasteur pour discuter de mon appel au ministère pastoral, parce que ce problème commençait à semer la zizanie entre mon mari et moi. Je me retrouvais seule face à un mur. Je commençais à douter des visions, des rêves et des voix audibles que je recevais de la part du Seigneur. Même si le désir ardent de le servir me dominait, je n'avais plus de force. Le découragement commençait à s'installer.

Pour faire face au refus catégorique du pasteur qui lui, devait suivre les directives des églises pentecôtistes, j'ai décidé non seulement d'achever ma formation biblique, mais aussi de continuer mes activités au sein de l'AFEVOS. Cet emploi du temps ne m'empêchait pas de prendre part à la vie d'église. Je veillais à la croissance spirituelle des communautés, celle des femmes et des jeunes filles, et celle des membres du Ministère Foi en Action Maranatha (FAMA) dirigé par mon époux.

Même si j'avais terminé mes cinq années de formation théologique à l'Université Protestante de Lubumbashi

(UPL), la question taboue demeurait : **une femme peut-elle diriger un ministère pastoral ?** La position des leadeurs et de toute la communauté reposait sur certains versets bibliques. Il n'était pas question de laisser une femme exercer un ministère pastoral à plein temps. De toute évidence, je vivais un combat, qui, contrairement aux précédents, n'était pas physique, mais bien spirituel. Et je devais y faire face.

Cette flamme qui brûlait en moi était plus forte que jamais, et je ne pouvais l'éteindre. Ne pouvant plus la contenir, je décidais d'aller rencontrer encore une fois le pasteur, cette fois-ci pour lui demander de m'écrire une lettre de recommandation qui témoigne de ma loyauté. En effet, je comptais quitter la communauté pour rejoindre mon ancienne église dans laquelle je pourrais exercer mon ministère. Il refusa encore une fois de m'écrire cette lettre en me demandant de lui donner un peu de temps pour prier et me donner une réponse. Malgré son refus, je continuais à me donner à fond dans les activités de l'église, comme à l'accoutumée.

Finalement, c'est quelques mois plus tard, alors que je ne m'y attendais plus et que j'avais perdu tout espoir, que l'homme de Dieu, saisi par la puissance de l'Esprit Saint, reconnu le ministère de la femme devant toute l'assemblée.

Cette déclaration étonnante choqua certains fidèles et anciens de l'église. Pour ma part, j'étais convaincue que l'Esprit de Dieu venait de le convaincre et de l'utiliser pour révéler une vérité que le commun des mortels ne pouvait comprendre. Certains m'ont même demandé si j'avais parlé au pasteur pour le convaincre de prendre cette décision! C'est à partir de là que mon époux et moi avons été consacrés tous les deux comme pasteurs devant toute l'église, le 8 janvier 2011.

Étant la première femme appelée à un ministère pastoral réservé d'habitude aux hommes, la nouvelle ne pouvait que susciter des débats au sein de toutes les communautés chrétiennes. Elle fut rendue publique dans toutes les stations de radio locale, mais aussi lors de débats à la télévision. Certains fidèles ne pouvaient s'empêcher de me poser la question suivante : « Qu'as-tu fait pour convaincre le pasteur? » Ce à quoi je répondais que je n'avais rien fait, à part prier. Les uns pensaient que je l'avais corrompu dans le but qu'il accepte le ministère de la femme dans l'église, ce qui, pour eux, était contraire aux Saintes Écritures. Les autres y voyaient une abomination, une stratégie pour déstabiliser les collègues pasteurs dans leur mission. D'autres croyaient à l'influence qu'aurait exercée mon époux sur le serviteur de Dieu.

Par la suite, je fis un jeûne de trois jours au cours duquel le Seigneur me révéla clairement les conditions de mon appel. Durant ce jeûne, je fis un songe dans lequel un homme me tendait une Bible en disant : « Prends ce livre et parle. » Je lui ai demandais : « De quoi parlerai-je ? » Il me répondit : « Dis aux gens que Jésus-Christ reviendra chercher son église, et guide-les vers la sanctification et la repentance que Christ leur offre. » Étonnée, je lui dis : « Les femmes ne peuvent pas annoncer l'Évangile. » Il m'encouragea cependant par ces mots : « Que ce soit la femme ou l'homme qui l'annonce, notre désir commun le plus profond est que les âmes soient sauvées, car il n'y aura pas de différences de sexe au ciel. » Ensuite, il m'exhorta à soutenir la vision de mon pasteur jusqu'au temps marqué où je soutiendrais celle de mon mari, car le Seigneur est un Dieu d'unité, un Dieu de famille.

## Première mission pastorale

Après deux ans sans emploi, mon mari trouva un travail au Tchad comme représentant d'une ONG internationale, la Christian Outreach Relief and Development (CORD). Il y travailla pendant dix-huit mois. Après notre consécration au ministère, notre église locale nous affecta au village de Kafindo, 40 km sur la route de Lubumbashi, à Kasenga, où j'exerçais en tant que pasteur titulaire. Au moment de notre affectation, j'ignorais qu'un rôle de pasteur me serait attribué.

Quand nous partîmes à Kafindo, j'étais convaincue que nous y allions dans le cadre de l'évangélisation. Un jour, je suis restée à la maison après avoir terminé mon travail d'évangélisation. C'était l'heure du culte. Le pasteur Gustave m'appela pour savoir où j'étais. Il me dit que je devais être à l'église en train de prier avec les autres. Je répondis avec étonnement : « Notre travail consiste à faire de l'évangélisation, et cette tâche a été accomplie. Le reste du travail est sous la responsabilité des évangélistes. » Il précisa cependant qu'il voulait que je prie avec les autres membres, ce que je fis. Une année plus tard, il annonça devant tous les membres de la communauté que désormais, les nouveaux responsables de l'église seraient le couple Kasongo, c'est-à-dire mon mari et moi, et que je serais pasteur titulaire, car mon mari partait souvent en mission.

Quant à mon mari, il put s'investir pleinement dans son ministère Foi en Action Maranatha (FAMA). C'est avec le temps que nos responsabilités respectives dans le ministère se sont réunies au sein de cette grande œuvre qu'est FAMA. Nous avons mis sur pied une église, selon l'ordonnance du Seigneur, dans le Quartier Kinsevere où j'ai pu évangéliser en compagnie du pasteur David Muzembe de l'église La Compassion. Nous étions en pleine rencontre de prière pour savoir qui serait le « berger » de notre église, car je ne pouvais pas la gérer de manière convenable à cause de mes multiples déplacements. C'est dans cet ordre d'idée qu'un membre est venu voir le pasteur David Muzembe à deux reprises pour lui raconter son rêve dans lequel une voix lui disait : « Tu seras le berger d'une église, et ladite église est sous l'autorité d'une femme qui cherche un pasteur. »

À ma grande surprise, je reconnu ce frère chrétien, car je l'avais côtoyé longtemps auparavant, dans le groupe charismatique au sein duquel j'avais grandi. C'est ainsi qu'après de multiples confirmations du Seigneur, nous avons eu comme berger à FAMA (Lubumbashi), le pasteur Jean Ntumba. Ce dernier a été consacré le 31 juillet 2022.

Le Seigneur a de nouveau visité notre couple en accordant à mon mari un nouvel emploi après dix-huit mois passés au Tchad. Il devint le représentant d'une ONG internationale dénommée Fédération luthérienne mondiale (FLM) en République islamique de Mauritanie, de 2011 à 2018. J'ai donc suivi mon mari avec nos enfants pour vivre dans un contexte totalement hostile à l'Évangile. Malgré cette réalité, et dans le souci d'annoncer fidèlement la Bonne Nouvelle, j'eu le courage d'affronter cette nouvelle aventure.

Nous quittâmes Lubumbashi (RDC) le 11 janvier 2012 pour arriver le 13 janvier 2012 au soir à Nouakchott en Mauritanie. Nous avons été bien accueillis par les collègues de service de mon mari. La ville était bien éclairée la nuit, mais en journée, j'ai expérimenté un soleil ardent, une chaleur telle que pour la première fois, j'avais de la difficulté à respirer. Le climat était différent, ce qui nous a demandé beaucoup d'adaptation. De plus, la Mauritanie est un pays islamique dans lequel l'évangélisation en pleine rue est interdite car l'Islam est la religion de l'Etat et du peuple.

Après le premier trimestre de l'année 2013, des préoccupations ont surgit dans mon esprit, en ce qui concernait les besoins spirituels de la ville où nous étions installés. Depuis le Congo, nous avions appris qu'il y avait au centre de la ville, une seule église autorisée légalement à œuvrer, une église catholique ; à côté celle-ci, il y avait une salle où se réunissaient tous les protestants de congrégations différentes, sans distinction.

Personne ne m'avait informée de la localisation précise de l'église protestante en question, et je me suis donc mise à sa recherche toute seule. Chemin faisant, je croisais des gens et je leur demandais le chemin. Personne n'avait l'information dont j'avais besoin, jusqu'à ce qu'un homme m'indique le chemin pour y parvenir. Dès mon arrivée, je fus rempli de joie d'avoir trouvé cette église !

L'entrée de l'Eglise était surveillée par un gardien :

« Est-ce que c'est ici l'Eglise ? »

« Oui » me répondit-il.

« Es-tu chrétienne catholique ? »

« Je suis protestante » répondis-je.

« Si tu longes le mur, tu verras une porte, les chrétiens protestants se retrouve là-bas chaque dimanche. »

Qu'est-ce que j'étais contente de retrouver les miens ! Je commençais donc à fréquenter l'église protestante et c'est au bout d'une année complète dans cette église que mon mari me rejoignit. Il avait beaucoup de questions sur la sécurité puisque son employeur lui interdisait de se présenter avec la voiture de service. Ensemble, nous avons commencé à fréquenter et à observer comment l'œuvre de Dieu se faisait en Mauritanie.

Un jour, le Conseil d'église demanda s'il y avait des membres prêts à aller prêcher aux autochtones et à répondre à leurs préoccupations. Préoccupée, je suis allée demander à mon mari si je pouvais y aller et il me donna son accord. C'est ainsi que nous avons commencé avec la prière d'intercession ; je fus aussi l'initiatrice du mouvement des visites à l'orphelinat. Tous unis et d'un commun accord, nous avons organisé les visites des membres, jusqu'à ce que le groupe des femmes voie le jour une année plus tard. J'étais d'ailleurs membre du comité.

Quelques temps après, lors d'une de nos réunions entre sœurs, certaines parmi nous se sont mises à discuter dans une langue que tout le groupe ne comprenait pas. Curieuse, je leur ai demandé pourquoi elles faisaient cela. L'une d'elles m'a répondu qu'il n'y avait rien de grave, qu'elles faisaient des affaires ensemble et qu'il ne fallait pas que je pense qu'elles parlaient de nous.

Je lui ai alors répondu : « Ce n'est pas vraiment approprié, surtout lorsque nous sommes en groupe, de mener une conversation parallèle, selon les règles du savoir-vivre. Il serait plus respectueux d'aborder ces sujets après la réunion, car la patience et la tolérance sont des fruits de l'Esprit. »

« Penses-tu que nous ne sommes pas éduquées ? » rétorqua l'une des femmes.

« Y a-t-il quelque chose que vous ne voulez pas partager avec le groupe ? Alors je pense que c'est de l'hypocrisie. Vous êtes des hypocrites. » lui répondis-je.

Cela a créé un grand problème dans les cœurs de mes sœurs. Une semaine plus tard, consciente de nos tords, nous nous sommes retrouvées pour parler et j'ai pris le temps de leur demander pardon, tant individuellement qu'à tout le groupe.

Voilà le début de mon malheur : critiques, mauvais témoignage, rejet et humiliation dans l'église évangélique à Nouakchott. Mais ce fut également le début d'une autre histoire de vie avec le Seigneur Jésus-Christ.

Le Congo me manquait. J'avais prévu de rentrer comme à l'accoutumée pour trois à six mois pour visite et raisons familiales. J'ai donc appelé mes sœurs de l'église pour leur dire au revoir. À mon retour du Congo, contente de les retrouver, je les appelai pour les informer de mon retour. Deux jours plus tard, j'apprenais que le programme de prière n'avait plus continué depuis mon départ. La raison du pourquoi fut sans suite.

Durant cette même période, j'ai ouvert un petit restaurant et j'ai invité les mêmes sœurs de l'église. Cependant, la majorité d'entre elles m'ont répondu qu'elles étaient occupées, ajoutant que ce que je faisais n'était pas aussi important que leur propre travail. Malgré ces remarques, quelques-unes sont tout de même venues me soutenir.

Cet événement m'a profondément attristée, et je me suis demandé : « Suis-je réellement pardonnée ? » Décidée à comprendre ce qui se passait, j'ai pris l'initiative d'aller vers elles pour en discuter. Peu de temps après, elles sont venues rendre visite à mon mari, accompagnées d'une compatriote congolaise qui n'avait pas été impliquée dans les événements précédents. Elles ont fini par avouer qu'elles se méfiaient de moi. Sous l'influence de la compatriote en question, j'ai finalement décidé de m'agenouiller devant elles pour leur demander pardon, en présence de leurs maris, qui étaient également des anciens de l'église.

Par la suite, étant donné que leurs époux étaient des responsables de l'église, j'ai demandé à être retirée du programme de modération. Dans mon cœur, je me sentais comme poignardée, et cette douleur est restée présente pendant une année entière. J'avais du mal à accepter la séparation. J'ai beaucoup pleuré et regretté cette rupture douloureuse, mais parfois, il est nécessaire de se détacher de certaines personnes pour avancer.

Plus tard, les responsables de l'église ont décidé de me confier l'enseignement pour les cours de baptême ainsi que la gestion du département des femmes, le temps que le bureau soit reconstitué. En effectuant ce travail, j'ai vraiment pris le temps de me décharger sur le Seigneur et lui dire de prendre mon fardeau et ma douleur. Il a fallu du temps avant que je ne ressente plus cette douleur, avant que j'oublie et pardonne totalement.

Étant donné que je ne fréquentais plus le département d'intercession, qui était une partie de ma vie, les gens venaient d'eux-mêmes me voir pour que je les soutienne dans la prière. Un jour, un ancien m'a pris dans sa voiture en me disant : « D'autres anciens se plaignent du fait que les gens viennent te voir pour te donner leur sujet de prières, tu devras arrêter de les recevoir. S'ils ont besoin de prière, tu peux nous les envoyer à nous ». À ce moment-là, j'ai compris qu'il y avait un problème. La calomnie féminine a pris de l'ampleur, les hommes de l'église écoutaient davantage leurs femmes et se méfient de moi.

Je lui répondis que j'étais étonnée de voir un leader qui accepte d'agir sur les rumeurs et que la Bible n'interdit pas à la femme de lire la parole, ni de la partager avec quelqu'un. Je lui ai fait comprendre que je serai dans l'obligation de répondre si les gens me posent des questions sur la Bible et que je connais la réponse. Quant à la prière, je continuerais à le faire, mais si les gens me posent des questions qui relèvent de la compétence des anciens, je devrais les orienter vers eux.

Pendant ce temps, je continuais à chercher la face de Dieu sur ce que je devais faire. Alors Dieu me dira de commencer à prier à la maison : une réponse qui m'a beaucoup réconforté.

Malgré tout cela, de 2014 à 2015, j'ai continué à fréquenter l'église, assise sur les bancs, comme une simple fidèle. En novembre 2015, nous avons commencé à prier à la maison, avec mon mari et nos enfants. Ce n'est qu'en décembre que le couple Degboevi, que j'avais parrainé, a commencé à nous rejoindre, suivi du couple Gogoua. Progressivement, le nombre de participants a augmenté, et nous nous sommes retrouvés à prier régulièrement avec un groupe de 20 à 30 personnes.

Face à cette évolution, nous avons décidé d'informer l'ancien Bock et sa femme Barbara que nous étions en train de développer notre ministère, FAMA. Ils ont approuvé notre démarche en réitérant : « Nous travaillons tous pour Dieu, mais dans différents ministères et missions que Dieu nous a confiés. » Nous sommes rentrés chez nous, et les autres anciens n'ont pas fait de commentaire particulier concernant cette annonce. Une assemblée générale fut organisée au sein de l'église NEC, au cours de laquelle nous avons présenté notre rapport et les avons informés de nos activités.

Quelques mois plus tard, l'église a décidé de créer des cellules de maison, et notre domicile a été choisi pour accueillir un groupe de prière. Nous avons accepté de leur céder le mercredi, bien que notre ministère organise déjà des réunions les mercredis et samedis. Toutefois, cela a suscité des mécontentements, des critiques et du découragement parmi certains membres. Il y avait même des menaces envers les personnes qui fréquentaient notre ministère, certains les avertissant de ne pas suivre de « faux prophètes » ou des « petits pasteurs ». Lorsque nous allions à l'église, les prédications faisaient parfois référence à moi, de manière indirecte ou en mentionnant ouvertement le nom de mon mari. L'atmosphère était devenue hostile.

C'est ainsi qu'en décembre 2016, j'ai pris la décision de rester à la maison pour préserver mon cœur. Mon mari, quant à lui, a continué à fréquenter l'église, mais cela n'a pas été facile pour lui non plus.

Chaque fois que je priais de manière intense à la maison, je faisais le même rêve récurrent où je me voyais enceinte. Mais au moment d'accoucher, il m'était impossible de le faire, car j'étais entourée de personnes qui criaient sur moi. Il y avait trois hommes autour de moi : mon mari et deux autres hommes. Quelqu'un dans mon rêve me disait à chaque fois : « Je veux te faire sortir du culte, dans un endroit avec moins de monde. » Ce rêve revenait à plusieurs reprises.

Lors du dernier rêve, une voix m'a dit de quitter l'église, et à ce moment précis, j'ai entendu un bébé pleurer. En sortant, le gardien m'a donné un drap pour envelopper le bébé, puis je suis partie. Dans le même rêve, je me suis retrouvée dans une grande salle de classe avec un enseignant. Le directeur est entré avec une liste de noms et a commencé à faire l'appel. Quand mon tour est arrivé, il m'a dit : « Ta place n'est pas ici, tu devrais être à l'université. » Il a alors demandé à quelqu'un de m'y conduire, et une robe m'a été remise pour l'occasion.

En tant que pasteure, j'ai compris, par la prière et la méditation de la Parole de Dieu, que ces rêves étaient des messages divins. J'avais traversé le rejet, la calomnie, l'humiliation et l'isolement social, mais malgré tout cela, Dieu me montrait que j'avais de la valeur à Ses yeux.

Le 16 mai 2017, j'ai pris la décision de commencer les cultes à la maison avec une sœur du nom de Mireille, qui fréquentait l'église. C'est ainsi que l'histoire de l'église FAMA en Mauritanie a débuté.

L'église a commencé avec trois femmes, un homme, cinq enfants et un bébé. Nos premières activités comprenaient des retraites, des ateliers de formation, des périodes de jeûne et prière et des conventions de trois jours appelées « Shiloh ». Avec le temps, le nombre de fidèles a augmenté, passant à six femmes, un homme, cinq enfants et un bébé. Les premiers membres étaient Pasteure Huguette, Sœur Eulalie, Sœur Mireille, Sœur Joëlle et son bébé, ainsi que le Frère Christian. Ils sont venus d'eux-mêmes, sans que ne nous les invitions ni les appelions. Pasteure Huguette était à la fois modératrice et prédicatrice. Plus tard, la famille d'Awa, Carole, Chimène, Michel, Carine, Florent, Clément et Ambroise a rejoint la communauté existante.

Mon expérience de sept ans en Mauritanie a été pour moi une véritable école, m'enseignant à forger mon caractère et à apprendre à faire confiance à Dieu. J'ai découvert comment Dieu agit dans les moments difficiles, lorsqu'Il a décidé d'accomplir Ses desseins. Tout cela illustre bien que le plan de Dieu et Sa volonté sont souvent difficiles à saisir.

C'est ainsi qu'après cinq ans d'observation, nous avons créé une cellule de prière dans notre propre maison. Deux ans plus tard, en mai 2017, cette cellule s'est transformée en église, malgré les nombreuses persécutions pour la déstabiliser à cause du statut des femmes dans le pays. Il faut dire que les gens n'étaient pas en faveur de mon ministère. La République Islamique de Mauritanie, comme bon nombre des pays africains, est une société à prédominance masculine.

L'homme détient souvent le pouvoir sur la femme, ayant tendance à la réduire à un objet. Pour certains, la femme est perçue comme étant «moins qu'un homme». Ses droits sont fréquemment violés, et de nombreuses femmes subissent, sans leur consentement, la mutilation génitale féminine (MGF). Il convient de souligner le travail remarquable réalisé par l'ONG chrétienne «Fédération Luthérienne Mondiale», en collaboration avec des leaders musulmans, pour sensibiliser aux méfaits de la MGF.

Les opportunités offertes aux filles diffèrent grandement de celles des garçons en matière d'accès à l'éducation et au travail. Traditionnellement, la femme n'a pas voix au chapitre dans la sphère publique, une situation exacerbée par le faible niveau d'instruction des femmes.

C'est dans ce contexte, à la fois hostile au christianisme et dominé par les hommes, que Dieu m'a pourtant appelée à exercer le ministère pastoral en Mauritanie.

Que mon parcours soit un encouragement pour vous ! Tout à commencer par le fait de réaliser que je n'avais pas choisi les conditions dans lesquelles j'ai grandi. J'avais appris à me contenter des bienfaits de la vie et Dieu m'a surpris avec un avenir et de l'espérance sous diverses formes. Alors, j'ai voulu à mon tour être utilisée pour annoncer l'espoir à qui veut l'entendre.

J'ai grandi et j'ai réalisé qu'être une femme dans le ministère est aussi une condition particulière ; encore une fois, malgré les défis, je l'ai acceptée. Aujourd'hui, Dieu affirme sa fidélité en continuant à me surprendre à travers mon expérience dans le ministère.

Et si jamais abandonné ? Aurais-je su un jour que les choses peuvent prendre un autre tournant ?  La vie est difficile mais Dieu vous réserve de belles surprises au bout de ces épreuves. Aujourd'hui, le courage et la bonne volonté de notre couple pastoral nous permettent de nous accrocher à la grâce de Dieu et de nous réjouir de la croissance de cette église, devenue source de vie pour plusieurs malgré les épreuves.

N'abandonnez jamais !

# CONCLUSION

Au terme de cet épisode de ma vie, je peux dire que j'ai beaucoup appris au contact de certaines réalités, aussi fantastiques que douloureuses. Si j'ai pu accomplir tant de choses, c'est grâce à ma prise de conscience, à mon courage, à ma volonté et au fait que j'ai osé agir quand tout me semblait impossible, avec l'assistance fulgurante du Seigneur.

Ce livre me rend fière. Il rend hommage à celle que j'étais hier, à la petite fille qui a accompli chacun de ses rêves malgré des conditions de vie sans espoir. Ma prière est qu'il puisse apporter l'espoir aux personnes et particulièrement aux femmes inquiètes, abandonnées, non considérées, dénigrées, sous-estimées, délaissées, et qui se trouvent dans l'impossibilité de rêver à quelque chose de grand, de meilleur.

À chacun de vous, je dis : prenez courage, travaillez durement, soyez déterminé, bannissez la peur, car le succès n'est autre que l'impact que vous avez sur notre vie. Cessez donc de verser des larmes inutilement et affrontez la vie en ayant l'espérance en un lendemain meilleur !

Cessez de faire des choses faciles, car elles vous conduiront à une vie difficile. Apprenez à faire des choses difficiles, car elles rendront votre vie facile.

## Aux jeunes

À vous mes enfants, la jeune génération qui est appelée à prendre notre relève, sachez que les épreuves sont inévitables. Tenez-vous prêts à les affronter chaque jour. Ne vous en faites pas, elles se présenteront à vous de différentes manières et seront toujours utiles pour votre croissance. Elles seront comme un tremplin ou un test qui vous permettra d'aller de l'avant.

## Aux femmes

À mes sœurs, qui font chaque jour d'énormes sacrifices pour leur époux, leurs enfants, leurs familles, je vous encourage. Saisissez cette opportunité pour placer notre Seigneur et Sauveur Jésus-Christ au centre de toutes vos activités. À celles qui souhaitent faire l'œuvre de Dieu parmi les hommes, soyez convaincues de l'appel de Dieu que vous avez reçu. Recherchez la présence des anciens[21] (la sagesse), acceptez leurs conseils et leurs enseignements. Dieu lui-même vous donnera les armes nécessaires pour réussir. Il sera souvent le seul à vous récompenser. Sachez aussi que le ministère ne doit pas être exercé dans un esprit de concurrence ni pour des raisons d'émancipation.

Il faut rechercher la sagesse, l'humilité et le respect entre l'homme et la femme en s'appuyant sur le Rocher des Âges, Jésus-Christ ; en effet, le découragement et l'humiliation ne manqueront pas.

## Aux églises

Aux dirigeants d'églises, je vous invite à vous soumettre humblement à Dieu concernant son choix quant à ses serviteurs. De fait, il est parfois très difficile de discerner le mode opératoire de Dieu lorsqu'il choisit des personnes qui serviront d'instruments entre ses mains. Je vous exhorte à vous plonger quotidiennement dans la lecture de la Bible, en demandant l'assistance de l'Esprit Saint pour

---

21    Jérémie 6.16

une compréhension profonde et spirituelle de la Parole de Dieu. Essayez aussi de comprendre dans quelles circonstances se déroule chaque scène biblique de peur que plusieurs n'utilisent des versets qui sortent de leur contexte et à d'autres fins. Dans le champ de Dieu, tout le monde a sa place car Il a besoin de chacun de nous. Ne commettez pas l'erreur de qualifier ou de disqualifier les gens en fonction des traditions établies ou à cause d'une façon personnelle de comprendre les Écritures. La dépendance à l'Esprit doit être privilégiée.

## Aux uns et aux autres

En tant que chrétiens, apprenez à fixer davantage vos regards sur Christ, car c'est par Lui que vous viennent le repos, l'assurance, la joie, le salut, et la paix.

Si vous êtes une femme seule, acceptée ou rejetée par les hommes, ne vous condamnez pas en pensant que vous êtes une erreur de la nature ou le fruit du hasard.

La vie terrestre est parfois pénible, mais vous êtes appelé à la prendre en main et à être heureux. Ce qui importe le plus tout au long de votre parcours est de ne pas garder rancune chaque fois que vous aurez des accrochages avec quelqu'un. Ne cultivez pas la haine contre certaines personnes choisies d'avance pour vous faire mal, car leurs actes ou leurs paroles peuvent contribuer à votre bien[22]. Refusez la colère et le ressentiment qui peuvent en découler.

Réjouissez-vous, au contraire, prenez la vie du bon côté, et acceptez-vous tel que vous êtes, car la société a besoin de vous. Vous devez condamner le divorce, la fuite des responsabilités, le rejet des enfants, la maltraitance et la souffrance en tant que père ou mère, et convaincre les gens d'assumer leurs actes. Ayez un bon comportement devant vos enfants dans le but qu'ils incarnent les valeurs que vous défendez.

Hommes ou femmes, vous êtes des créatures merveilleuses. Dieu vous a faits à son image et à sa ressemblance. Vous avez plus de valeur à ses yeux que toutes autres créatures sur cette terre. La vie qu'Il vous donne est belle en Lui, par Lui et pour Lui[23].

Sachez également ce que vous voulez, car il est important de connaitre le dessein de Dieu pour votre vie afin d'agir en conséquence et avec courage.

Néanmoins, sachez que Dieu a créé le monde, mais que le diable détient un certain pouvoir sur terre. Cependant, le Fils de l'homme est venu afin de vaincre et de dé-

---

22      Genèse 45.5
23      Colossiens 1.15-17

truire le diable et ses œuvres[24]. En tant qu'enfants de Dieu, soyez conscients que vous avez beaucoup de défis à relever. En votre qualité de pèlerins et de voyageurs sur cette terre par Jésus-Christ, vous êtes plus que vainqueurs dans les situations difficiles. Que Dieu vous offre des portes de sortie en cas de tentations.

N'abandonnez jamais lorsque vous faites face à des défis. « L'homme se découvre lorsqu'il se mesure avec l'obstacle » comme l'a écrit Antoine de Saint-Exupéry. Ne baissez jamais les bras, ne vous découragez pas. Vous devez comprendre que rien n'est impossible à celui qui croit.

Développez une bonne estime de soi, comptez sur Dieu et appuyez-vous sur Lui. Lorsque vous désirez servir Dieu, vous pouvez y parvenir avec une volonté qui vous motive et qui nourrit votre vision.

La souffrance, bien que nous ne l'aimions pas, forge notre personnalité. Elle ne doit pas être vécue comme une ennemie de votre foi, mais comme une opportunité de démontrer l'amour, la sagesse et la puissance de Dieu autour de vous.

---

*Huguette Mutond Kambol Kasongo, Pasteure et philanthrope, est mariée et mère de six enfants. Elle est pleinement engagée dans le ministère pastoral en République Islamique de Mauritanie. Détentrice de deux licences universitaires (en Anglais & Cultures Africaine ainsi qu'en Théologie), elle poursuit actuellement une spécialisation en Counselling Chrétien. Elle est la co-fondatrice du Ministère Foi en Action Maranatha et de l'ONG AFEVOS. Son autobiographie inspirante, N'abandonnez Jamais, reflète sa lutte pour le ministère de la femme et la conviction profonde que la foi en Dieu est la clé pour surmonter toutes les épreuves de la vie.*